1000%の建築

僕は勘違いしながら生きてきた

谷尻誠

タイトル命名 / 武井カルロス正樹

はじめに

はじめにという文章を、ぼくはすべてを書き終えた今、書こうとしています。すべてを書き終えないうちは、この本をとおして自分が何を伝えたいのかが、見えないような気がしたからです。書き終えて、まず、ぼくは建築が好きだということ、また、「考える」ことに興味があることが、改めて分かりました。ぼくは建築をとおして、考えることについて考えていきたいと思っています。つまり「考えるを考える」といって、建物の設計以前に、考え方を設計するということです。たとえば広いリビングを設計するなら、なぜ人は広さを感じるのかについて考えたいし、明るい空間を設計するには、窓の大きさよりも太陽について考えることが重要かもしれません。知識を重ねながらも一度リセットし、“無知”になって考えることが、建築をつくるうえでとても大切なんじゃないかといつも感じています。当たり前だと思っていたことについて改めて考えてみたり、普段気にもしなかったことを気にとめてみたりすることは、好奇心にあふれた子どもの頃に戻っていくような行為なのではないでしょうか。好奇心は、人を大きく成長させてくれます。しかし大人になると、そんな好奇心が少なくなっているような気がするんです。好奇心をもつことは、考えることの1つのきっかけになり得ますし、そしてそれは建築に限らず、どんなことにも置き換えられるとぼくは思います。建築に出会ったからこそ、ぼくはそんな思いを持続できていると言えます。だからこそ建築をとおして、少しでも多くの方々に、好奇心をもって考えることの大切さを伝えていきたいし、その延長線上で建築の素晴らしさを、みなさんに届けて行きたいと考えています。そんなぼくの心の中にある断片を、今回は本という形で設計することができました。今できるすべての思いを込めました。建築について、日常について、過去と未来について、少しでも考えてみることのきっかけになれば、と強く思います。ときどき見返してみたくなる、そんな本にしたつもりなので、末永くみなさまよろしくお願いいたします。この本を手にしてくださったことに心から「こんにちは」「ありがとう」な思いでいっぱいです。

CONTENTS

勘違いのはじまり

勘違いが生まれた部屋

ぼくが生まれ育った家についてお話しします。実家は、間口4m、奥行25m、典型的な「うなぎの寝床」の町家でした。今の生活様式からは想像しにくいかもしれませんが、町家では屋外と屋内の関係が密接なため、雨の日は傘をさして台所に行き、冬には尋常でない寒さを体感しました。室内に雪が降ってきたことさえありましたね。そしてお風呂は、五右衛門風呂!鋳鉄製の風呂桶に水を入れ、毎日直火でお湯を沸かすんです。風呂焚きはぼくの仕事だったので、夕方になると遊びを中断して、帰宅して薪をくべていました。さらには室内が暗いので、夜に行くトイレはまるで肝試し。自分の家なのにビクビクするほどです。「町家」というと古き良き時代の生活を連想しがちですが、実家のことを振り返ると、このように不便なエピソードをまず思い出します。当時はそんな町家での生活がイヤでイヤでたまらず、「大人になったら大工さんになって、綺麗で便利なお城を建てるんだ」とよく人に話していました。ところが実家を離れて約20年が経った今、町家での暮らしが実に風情あるものだったと気づかされます。町屋の内部を吹き抜けていた独特の風のおかげで室内には夏でも必ず涼しいところがあり、そこでよく昼寝をしたものです。季節の変化も手に取るように分かる家でした。また、決して明るい室内ではなかったので、明かりの大切さや、刻々と暮れゆく日の移ろいを感じることができました。今自分が設計の仕事をしていくうえで、町屋で生活した経験は大きな財産になっています。不便さを受け入れた経験が、今の自分の考え方の背景にあるようにも思えるのです。

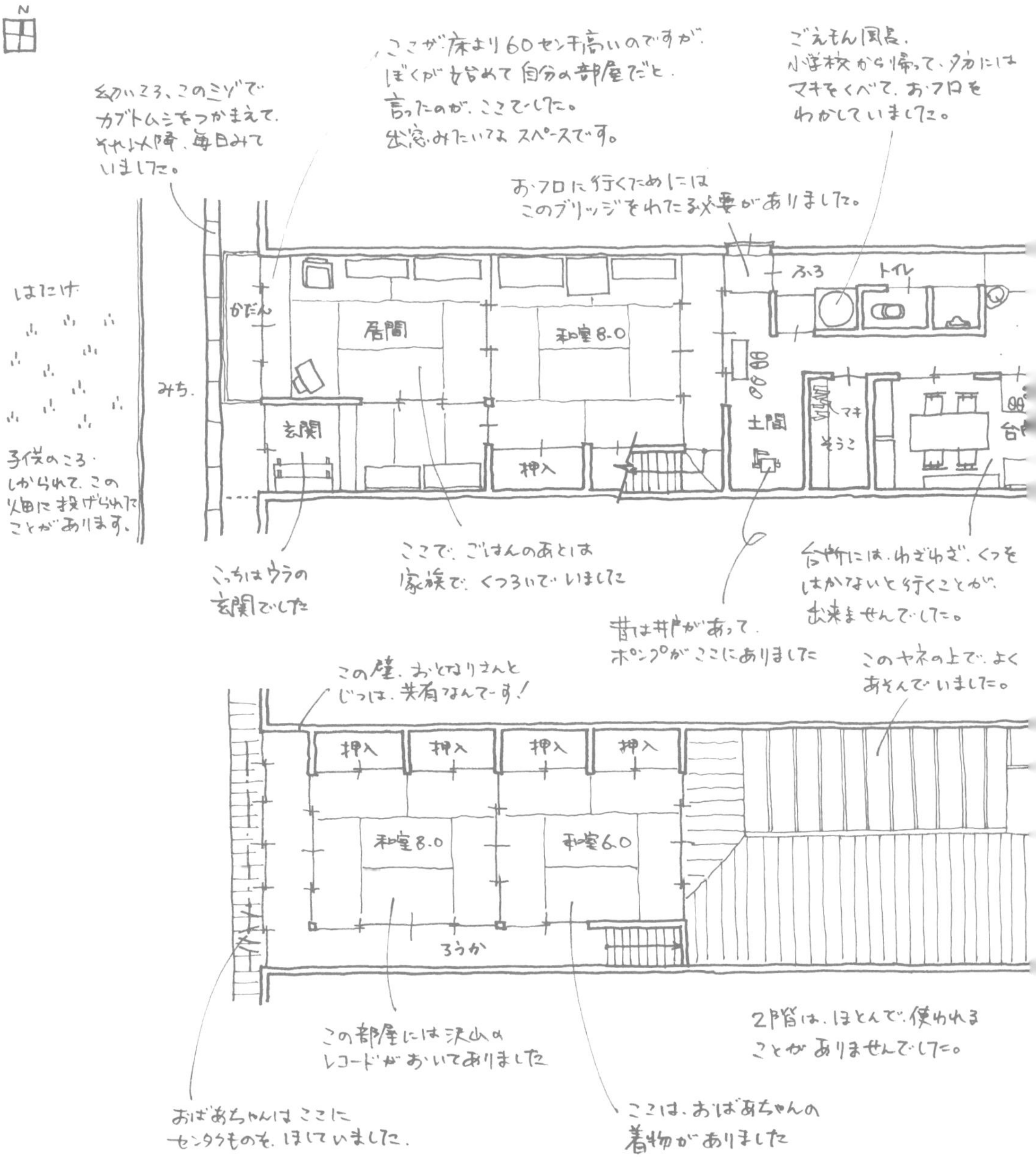
N
幼いころ、このミゾでカブトムシをつかまえて。それ以降、毎日みていました。
ここが床より60センチ高いのですが。ぼくが初めて自分の部屋だと、言ったのが、ここでした。出窓みたいなスペースです。
ごえもん風呂。小学校から帰って、夕方にはマキをくべて、おフロをわかしていました。
おフロに行くためにはこのブリッジをわたる必要がありました。
はたけ
みち
かだん
居間
和室8.0
ふろ
トイレ
玄関
押入
土間
マキ
そうこ
子供のころ、しかられて、この畑に投げられたことがあります。
こっちはウラの玄関でした
ここで、ごはんのあとは家族で、くつろいでいました
台所には、わざわざ、くつをはかないと行くことが、出来ませんでした。
昔は井戸があって、ポンプがここにありました
この壁、おとなりさんとじつは、共有なんでーす！
このヤネの上で、よくあそんでいました。
押入
押入
押入
押入
和室8.0
和室6.0
ろうか
この部屋には沢山のレコードがおいてありました
2階は、ほとんど使われることがありませんでした。
おばあちゃんはここにセンタクものを、ほしていました。
ここは、おばあちゃんの着物がありました

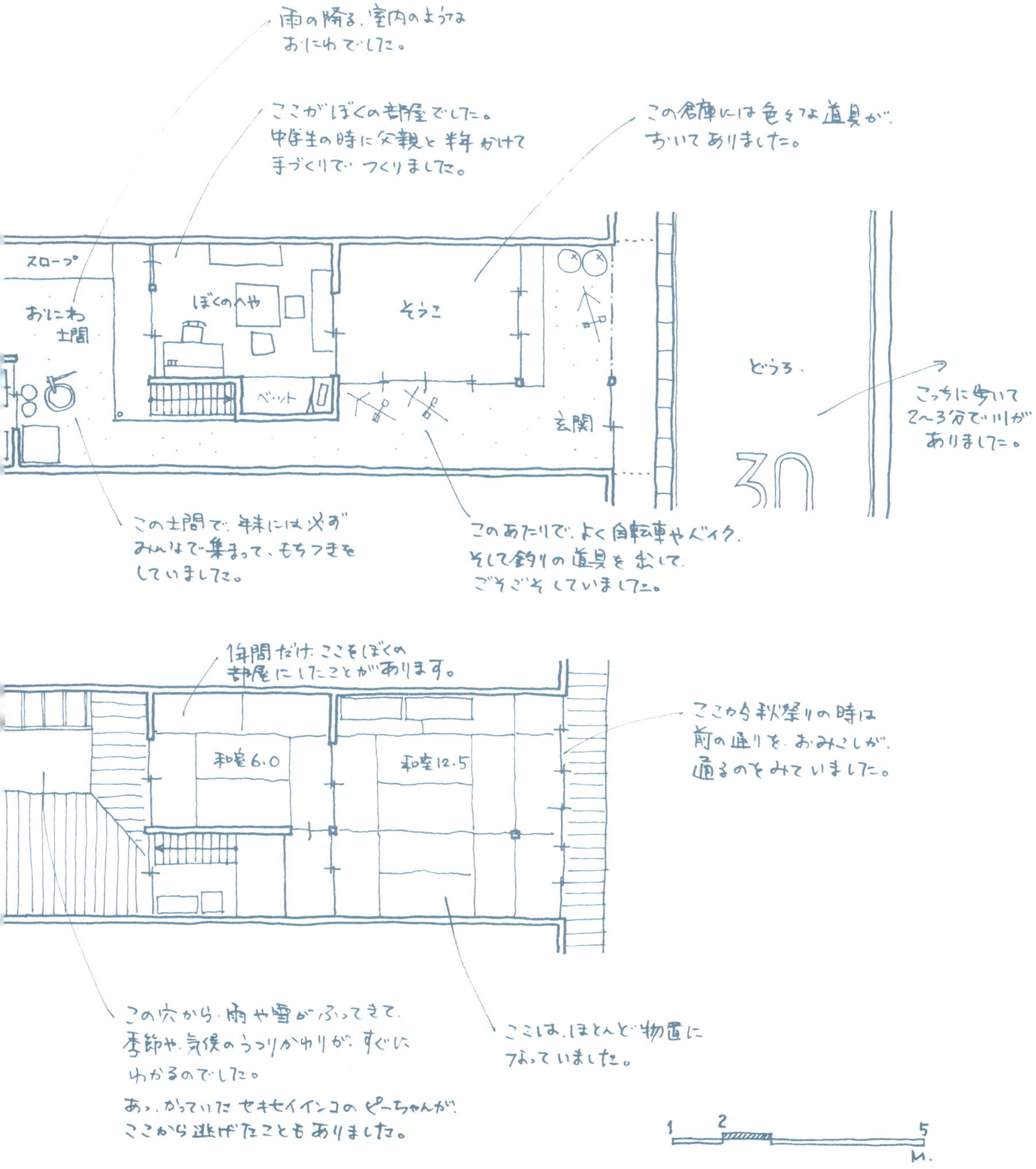
雨の降る、室内のような
おにわでした。
ここがぼくの部屋でした。
中学生の時に父親と半年かけて
手づくりで つくりました。
この倉庫には色々な道具が
おいてありました。
スロープ
おにわ
土間
ぼくのへや
そうこ
ベッド
玄関
どうろ
30
こっちに歩いて
2〜3分で川が
ありました。
この土間で、年末には必ず
みんなで集まって、もちつきを
していました。
このあたりで、よく自転車やバイク、
そして釣りの道具を出して
ごそごそしていました。
1年間だけ ここをぼくの
部屋にしたことがあります。
和室6.0
和室12.5
ここから秋祭りの時は
前の通りを、おみこしが
通るのをみていました。
この穴から、雨や雪がふってきて
季節や、気候のうつりかわりが すぐに
わかるのでした。
あっ、かっていた セキセイインコの ピーちゃんが
ここから逃げたこともありました。
ここは、ほとんど物置に
なっていました。
1 2 5
M.

きっかけはマンガ

ぼくは一人っ子だったこともあって、幼少期はテレビやマンガをよく見ていました。フィクションとノンフィクションの区別がつかず、すべてが現実の世界の話だと思っていたほどです。

『ダッシュ勝平』というバスケットボールのマンガをご存じですか？ 背の低い主人公が、背の高い選手の股の下をドリブルで華麗に抜けていくシーンや、ユニフォームをパラシュートのように使って、長い滞空時間の後にシュートを決めるシーンなどを見て、そんなことができるんだ！ と本気で思い込んでいました。また『プロゴルファー猿』というマンガには、カップの上で風にはためく旗にゴルフボールを命中させ、旗に包み込まれたボールがそのまま落下してカップインする「旗つつみ」という技が出てきます。これもぼくはできると思い、かまぼこ板と木の枝でゴルフクラブをつくり、「旗つつみ」の特訓をしたこともありました。子どもの頃のぼくにとって、目に映る多くの物事はあまりにも新鮮で眩しくて、だから現実の目標にもしたくなったのだと思います。世の中には不可能なこともあるんだとそれなりに分かってきた現在、あの当時のような想像が今でもできるかと問われれば、大人の「分別(ふんべつ)」がぼくの想像力にブレーキをかけてしまいそうな気もします。経験により、可能と不可能を見極めることが大事なのは確かです。経験を重ねれば失敗の確率も減る。しかしその一方、経験則に邪魔されて失敗を恐れ、挑戦することに踏み切れない状況に陥ることも多いのだと思います。人生のなかで、高いハードルを跳び越えてなにかを実現することが求められたとき、「可能か、不可能か」をそのときの自分の能力だけで判断するのではなく、まずは挑戦することによって、「可能」の限界点を少しずつ高める。ぼくはそう心がけています。なにか新しいものや新しい考え方に出会うためには、ほんの少しでもよいので、「思い込み」や「勘違い」という行為が必要です。挑戦することの大切さ、失敗したときにこそ学べる大きなものを見失うことなく、これからも建築と向き合っていきたいと強く思います。

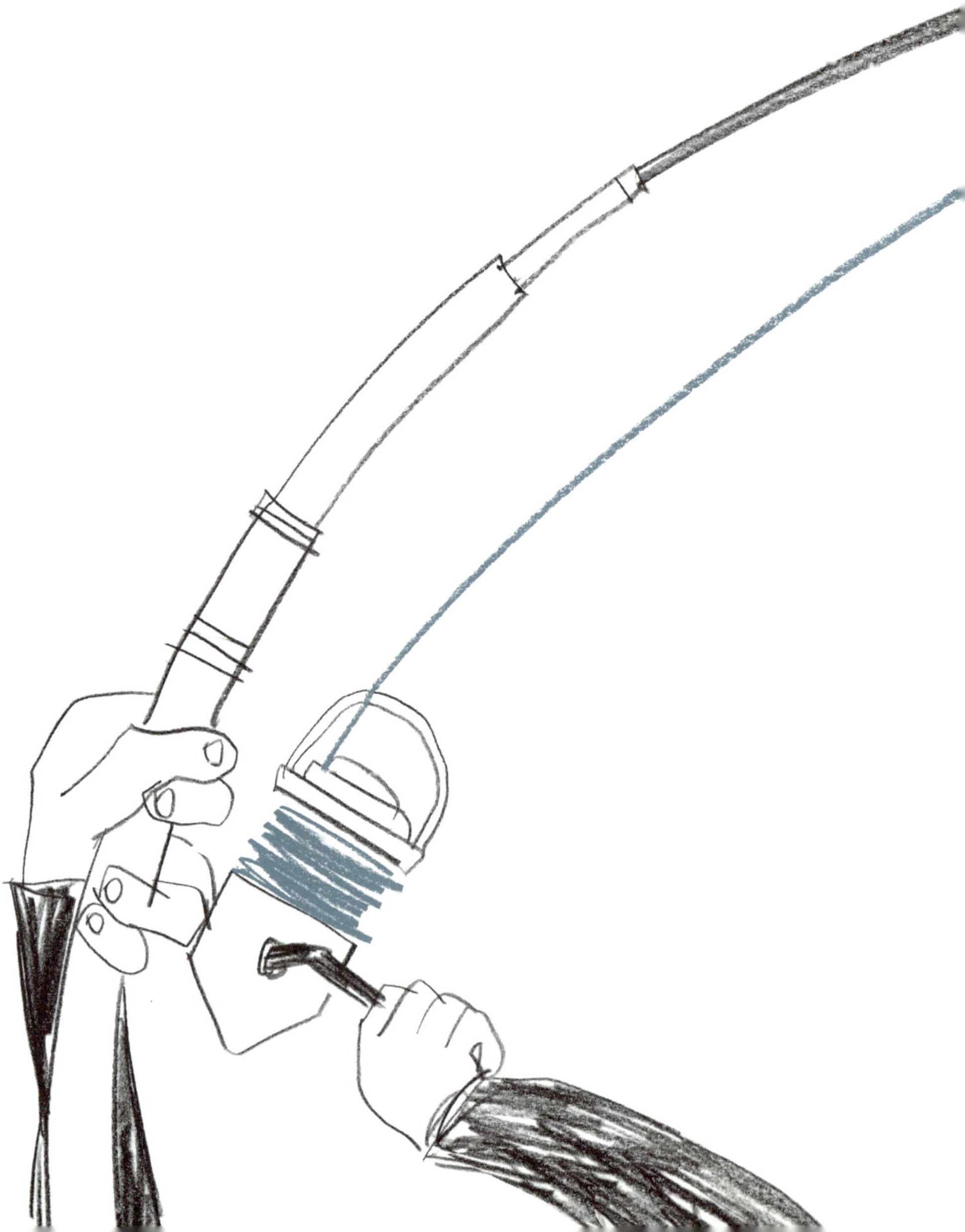

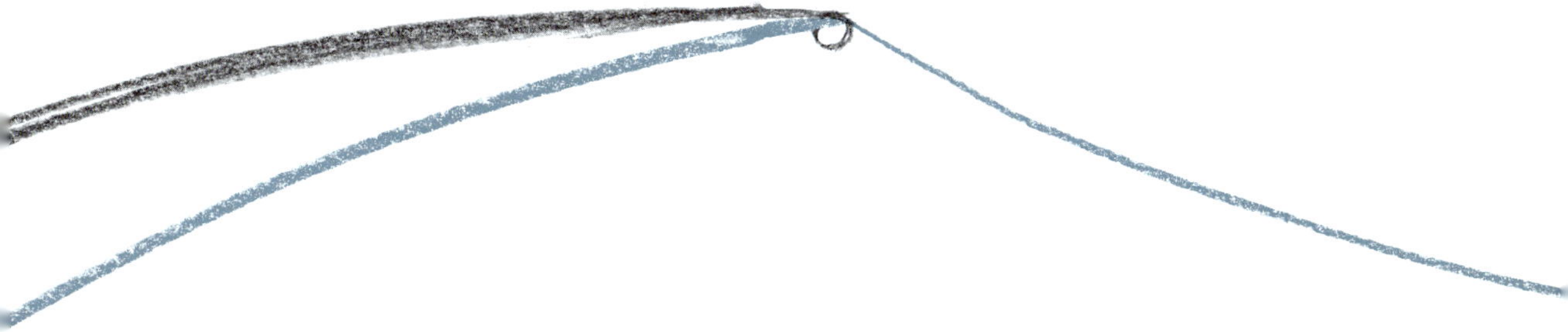

小・中学生の頃は学校が終わると、マンガ『釣りキチ三平』のように、ほとんど毎日釣りをしていました。とはいえ、家のそばにある川での釣りは、針に餌をつけて川に投げ込むだけ。あとは、魚が喰い付いてくるまでただボーッと待つばかり。やがて退屈になり、違う遊びを始めるありさまです。冬のある日、「釣りをしながらの凧揚げ」をしていたときのことです。凧が空高く揚がれば揚がるほど楽しかったのですが、凧糸を巻くのが面倒になってきました。そのとき、川に置いてきた釣竿のことが頭に浮かんだのです。

釣り竿のリールで凧糸を巻けばいいじゃないか、と思いついたんです。リールの本来の使い方にとらわれなければ、釣りも凧も、「糸を巻き取る」という行為は一緒なんですよね。喰い付きの悪い魚釣りと違って、大空を泳いでいる「凧の釣り」は、風が強くなればなるほど、引きの強い魚との格闘のように感じられ、エキサイティングな体験でした。後になって気づいたんですが、幼少期ってモノの使い方に関しても想像力であふれていて、釘を打つために石を使ったり、魚を入れる発泡スチロールをたくさん集めて船をつくったり。そんな想像力が心を豊かにしていたように思います。なのに今は、きっとそんなことができにくくなっているのかもしれません。「使い方を間違える才能」、今になって、とても大切な気がするのでした。

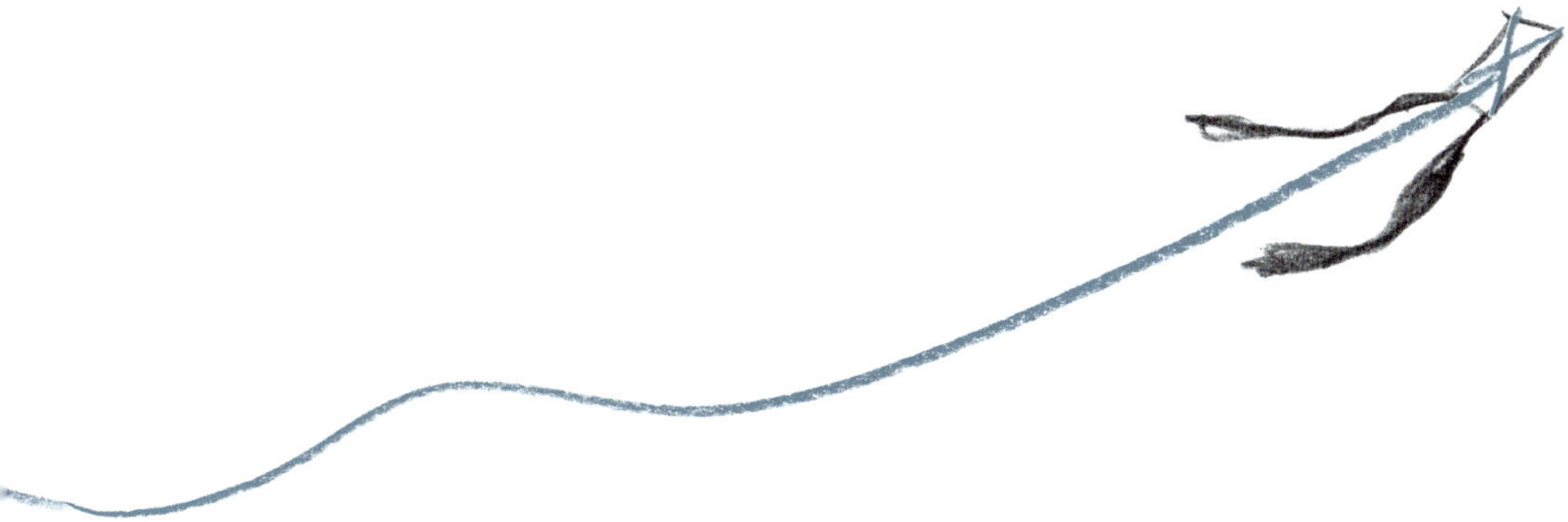

PHASE 02

『ダッシュ勝平』の影響で始めたバスケットボールも、中学時代にはすっかり夢中になりました。選手としては背が高くなかったぼくは、ゴール付近の争いになるとどうしても不利になります。そこで、『ダッシュ勝平』の主人公が背の低さを利点にしたように、ぼくもゴールから遠い「3ポイントのライン」からシュートを打つ練習を一生懸命やっていました。しかし試合になると、相手チームのディフェンスに阻まれ、練習中はスムーズに打てていた3ポイントシュートを、簡単に打たせてもらえません。考えたすえ、ぼくは気がつきました。3ポイントのラインというのは、「今からシュートを打ちますよ」と相手チームに教えてしまうラインでもあることに。そこでぼくは、このラインよりさらに1メートル離れたところからシュートを打つ練習を始めました。ゴールまでの距離は遠くなりましたが、練習を重ねた結果、1メートル離れた位置からでも今まで以上の確率で

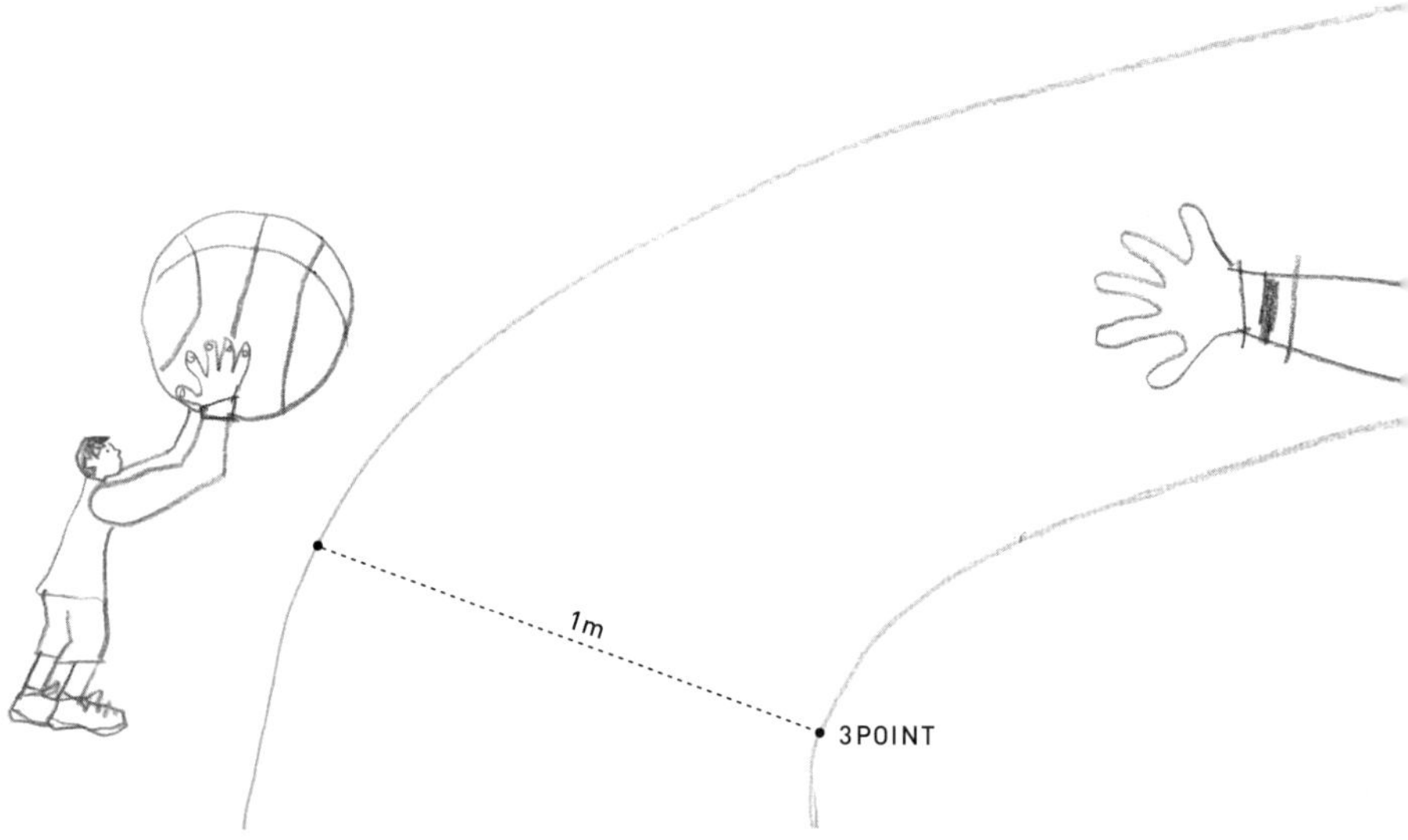

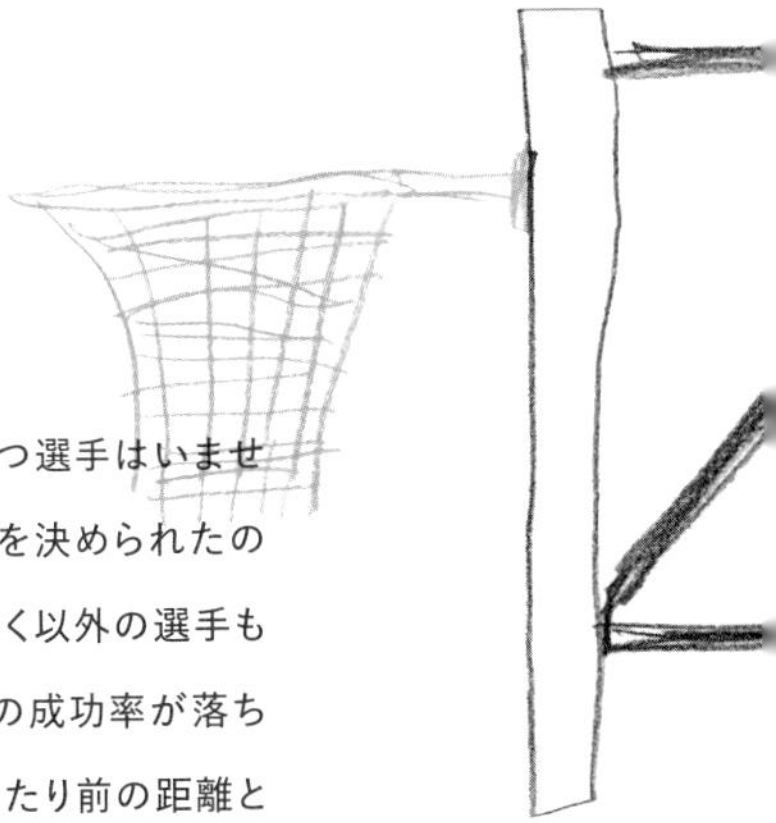

シュートが入るようになりました。しかも試合では、そんなところからシュートを打つ選手はいませんから、相手チームのディフェンスが対応できず、誰にも邪魔されずにシュートを決められたのです。さらに相手チームは、今までよりも広範囲を守らなければならなくなり、ぼく以外の選手ものびのびとプレーできる状況まで生まれました。「ゴールから離れればシュートの成功率が落ちる」という思い込みをほんの少し変えてみて、より離れたところを自分にとって当たり前の距離としてとらえたことで、ぼくにとってもチームにとっても、大変有利な状況をつくることができたわけです。建築の仕事をしていても、このような状況に遭遇することがよくあります。今自分が立っている場所から1メートル離れることは、不利になるのではなく、むしろ視野が開けることなんだと自分に言い聞かせながら、今日もシュートを打ち続けています。

PHASE 03

この対談記事は、2011年11月5日、B GALLERY（BEAMS JAPAN）で開催された谷尻誠展覧会「Relation」での谷尻誠・窪之内英策トークショーの内容を抜粋・編集したものです。
協力：株式会社ビームス

ツルモクから建築家へ

EISAKU KUBONOUCHI × MAKOTO TANIJIRI

illustration : eisaku kubonouchi

きっかけ

はじめまして
建築家の谷尻 誠です

どもども
漫画家の窪之内英策です

実はぼくが建築家を目指す
きっかけが窪之内さんの漫画
『ツルモク独身寮』
だったんです

高校時代に読んで
ハマってしまいまして

主人公の正太君に影響されて
インテリアデザイナーというものに
すごく興味をもったんです

『ツルモク』を読んでから
週に一度 部屋の模様替えを
し始めちゃって（笑）

なるほど
ツルモクの連載を
始めたのが21歳のとき

それ以前に「カリモク」という
家具工場で一工員として
働いてたんですが
幼い頃からの夢を捨てきれなくて

「漫画家になります」と
言って会社を辞めたんです

ツルモクを描くきっかけは
カリモク時代の寮生活の
楽しかった思い出が
ベースになっています

自分の能力

連載当時21歳！
お若かったん
ですね

不安とかは
なかったですか？

はい
後で後悔したく
なかったんで

20代を適当に遊んで
流されるより
早い段階で勝負したかった

原稿という結果を作って
それがプロとして通用
するかどうか
早く試したかったんです

自分が今どのあたりに
いるのかを
測るためにですか？

自分だけで完結してたら
それは
趣味になっちゃうんで

そうです
他人に評価されて
初めて自分のレベルが分かる

すごいなあ
ぼくはその歳の頃
フラフラと
遊んでいました

自転車のレースとか行くのに
長い休みを取れないかなとか
人の言うこと聞いてるのも
イヤなんで自由になりたいな
とか

独立したのが26歳の時
なんですけど
もうほんとに
かなり適当なスタート
だったんですよ

会社辞めた時はお金が無くて
友人の家に居候してたんです

ぼく　人と一緒にいるのが
全然平気なんですよ

自分一人じゃ何もできないから
仕事についても
人に聞くことにしてます

自分に能力がないって
どっかで思ってて
そのかわり
色んなことを聞く能力は
あるのかなって

それは
見習いたい
なあ（笑）

作品へのスタンス

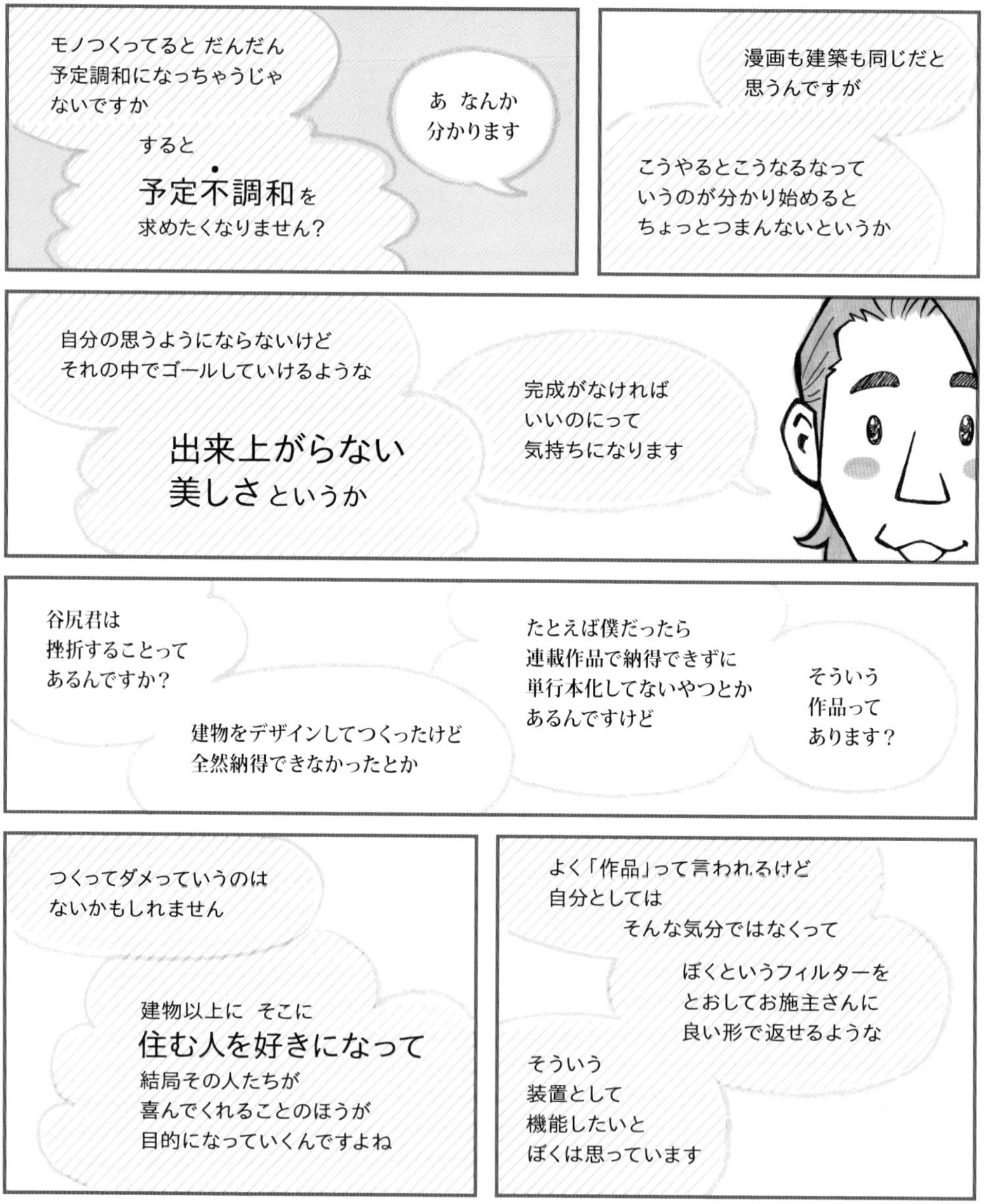

モノつくってると だんだん 予定調和になっちゃうじゃ ないですか
すると 予定不調和を 求めたくなりません？
あ なんか 分かります
漫画も建築も同じだと 思うんですが
こうやるとこうなるなって いうのが分かり始めると ちょっとつまんないというか
自分の思うようにならないけど それの中でゴールしていけるような
出来上がらない 美しさというか
完成がなければ いいのにって 気持ちになります
谷尻君は 挫折することって あるんですか？
建物をデザインしてつくったけど 全然納得できなかったとか
たとえば僕だったら 連載作品で納得できずに 単行本化してないやつとか あるんですけど
そういう 作品って あります？
つくってダメっていうのは ないかもしれません
建物以上に そこに 住む人を好きになって 結局その人たちが 喜んでくれることのほうが 目的になっていくんですよね
よく「作品」って言われるけど 自分としては そんな気分ではなくって
ぼくというフィルターを とおしてお施主さんに 良い形で返せるような
そういう 装置として 機能したいと ぼくは思っています

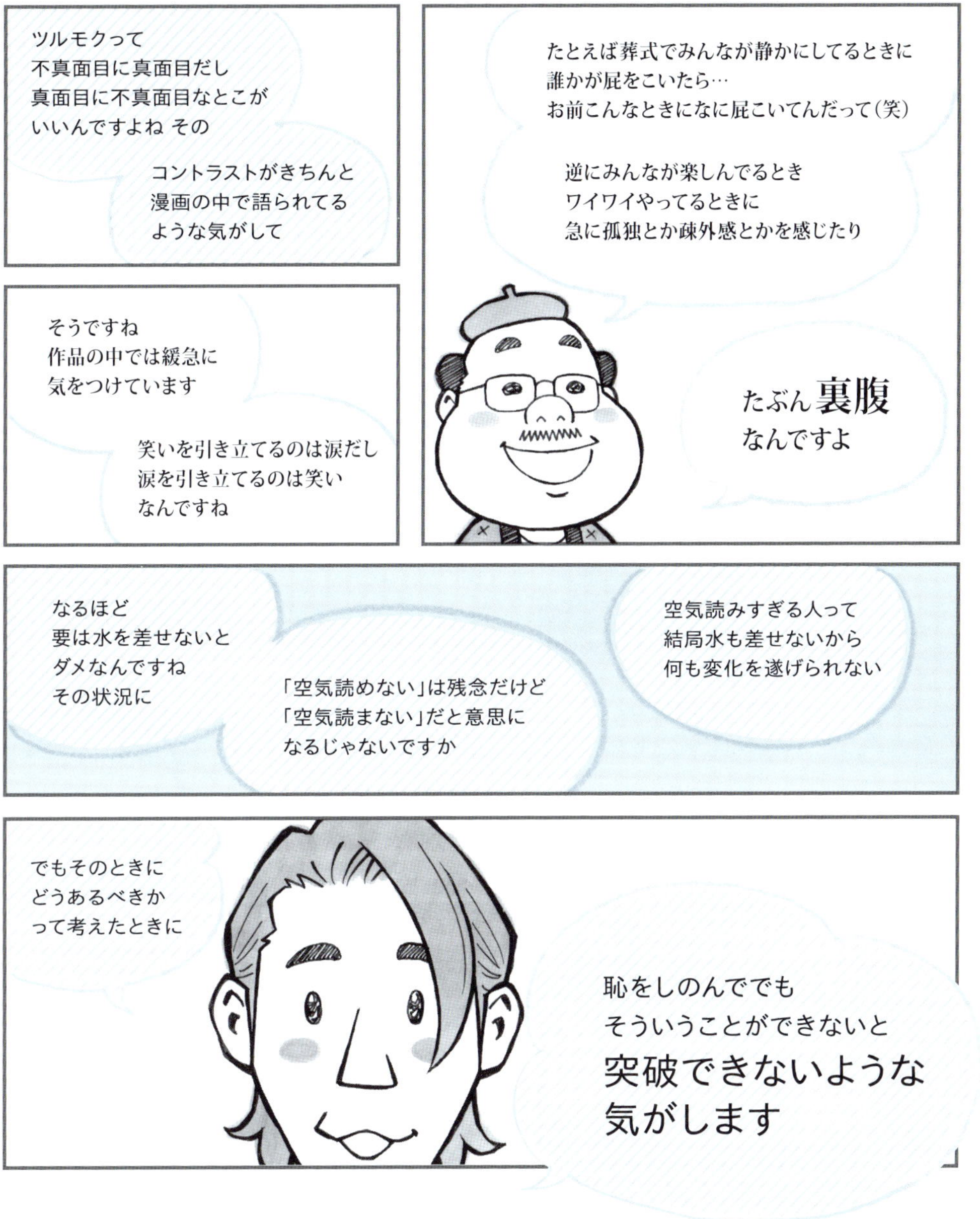
ツルモクって
不真面目に真面目だし
真面目に不真面目なとこが
いいんですよね その
コントラストがきちんと
漫画の中で語られてる
ような気がして
そうですね
作品の中では緩急に
気をつけています
笑いを引き立てるのは涙だし
涙を引き立てるのは笑い
なんですね
たとえば葬式でみんなが静かにしてるときに
誰かが屁をこいたら…
お前こんなときになに屁こいてんだって（笑）
逆にみんなが楽しんでるとき
ワイワイやってるときに
急に孤独とか疎外感とかを感じたり
たぶん裏腹
なんですよ
なるほど
要は水を差せないと
ダメなんですね
その状況に
「空気読めない」は残念だけど
「空気読まない」だと意思に
なるじゃないですか
空気読みすぎる人って
結局水も差せないから
何も変化を遂げられない
でもそのときに
どうあるべきか
って考えたときに
恥をしのんででも
そういうことができないと
突破できないような
気がします

幸せの場所

ツルモクの主人公・正太も
この作品を描いてるときの
僕自身もそうだったけど
現状を変えたいっていう意思と
小さな一歩でもいいから
とにかく前に動き出す
っていうことが大事ですよね
それは自分の
才能とか器量とかを
測る行為なんです
でもそれを21歳の若さで
やっていたことが…
どう考えても
理解できないですよね
（笑）
若いときの
時間って
貴重です
年齢とともに
時間の体感速度は
加速しますからね
だからこそ若い人は
自分がなりたい職業や夢には
タイムリミットを
つくってほしいです
その中で
自分がやれることを
一生懸命やってほしい
どんな仕事でも
職種でもいいんで
自分が必要とされる
場所にいればその人は
100％幸せになれる
僕はそう
信じています
あきらめないって
大切ですね
はい
現実を踏まえた
努力をしてほしいです

仕事への向き合い方

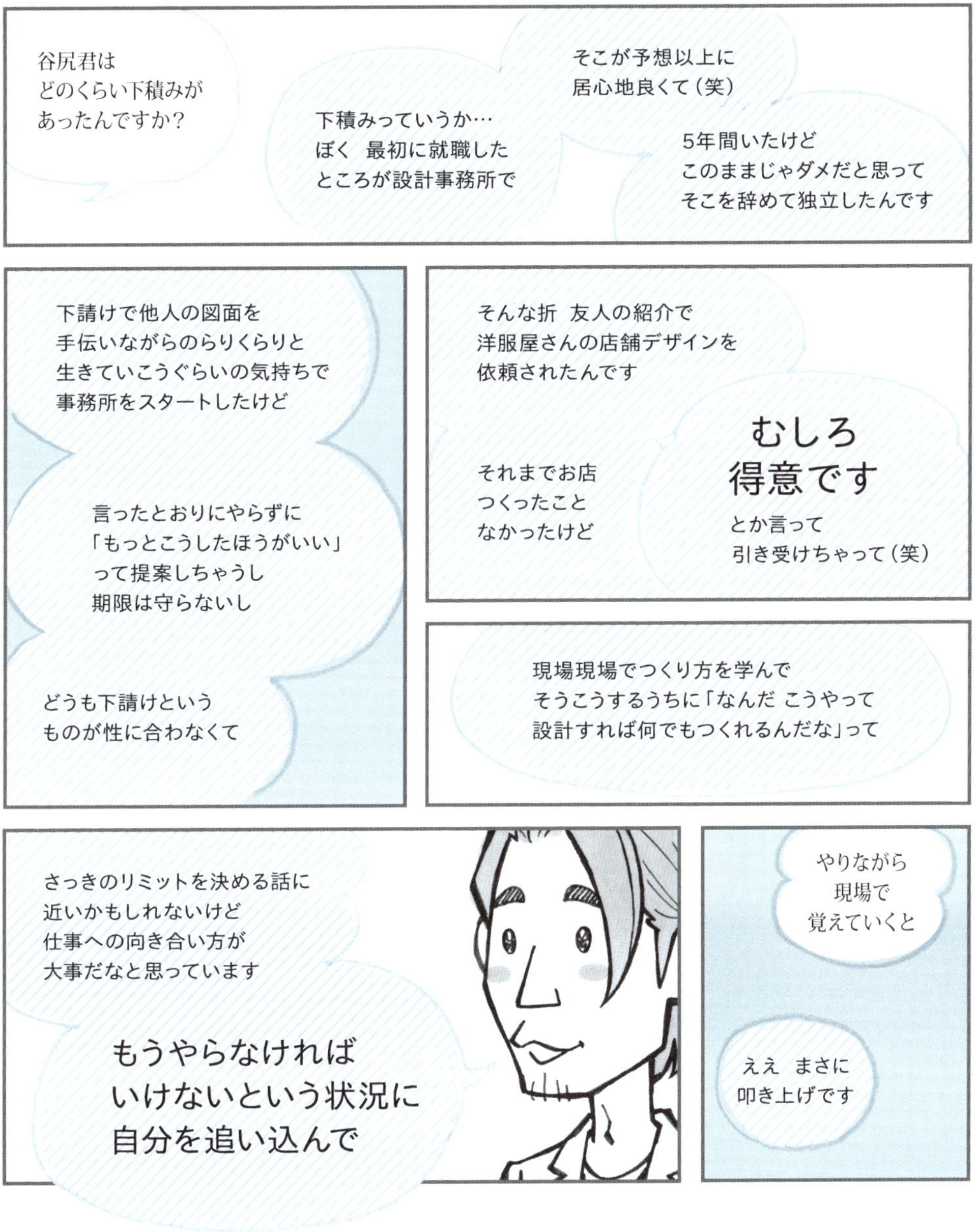
谷尻君は どのくらい下積みが あったんですか？
下積みっていうか… ぼく 最初に就職した ところが設計事務所で
そこが予想以上に 居心地良くて（笑）
5年間いたけど このままじゃダメだと思って そこを辞めて独立したんです
下請けで他人の図面を 手伝いながらのらりくらりと 生きていこうぐらいの気持ちで 事務所をスタートしたけど
言ったとおりにやらずに 「もっとこうしたほうがいい」 って提案しちゃうし 期限は守らないし
どうも下請けという ものが性に合わなくて
そんな折 友人の紹介で 洋服屋さんの店舗デザインを 依頼されたんです
それまでお店 つくったこと なかったけど
むしろ 得意です とか言って 引き受けちゃって（笑）
現場現場でつくり方を学んで そうこうするうちに「なんだ こうやって 設計すれば何でもつくれるんだな」って
さっきのリミットを決める話に 近いかもしれないけど 仕事への向き合い方が 大事だなと思っています
もうやらなければ いけないという状況に 自分を追い込んで
やりながら 現場で 覚えていくと
ええ まさに 叩き上げです

トライ＆エラー

ツルモクの連載が終わって
20年経っているのに
ツイッタートで続きを描いて
ほしいという声が多いですよね

それに対して窪之内さんは
続編は絶対に描かないと
おっしゃってて
ぼくは感動したんです

今でもぼくは
最後のページを
見るだけで泣きそうに
なっちゃって

20年経って
改めて読んでも
新しい何かを
発見できるんですね

若いときにしか出せない
その瞬間の輝き
みたいなものがあって

それが
僕にとっては
「ツルモク」なんです

それを汚す行為を
作者自ら
やってはいけないと
自分に言い聞かせてます

建築でもそうですけど
見たことのない新しさではなく
ずっと残り続ける力をもつ
という新しさが「ツルモク」
にはあると思います

僕は**王道**って言葉が
好きなんです
性別や年齢を問わない
大衆受けするもの

そんな普遍性をもつ
漫画を描くことが
僕の理想なんです

かといって迎合する
わけではなく すごく
実験的なこともしていて

経験を積むと
方法論が確立されて
いくじゃないですか

チャレンジしないと
自分の成長もないし
新しいものも生まれない

でも ふと気がつくと
エラー（失敗）を恐れて
トライ（挑戦）をしなくなる

そういう意味で
トライ＆エラー
ってとても
大切だなって

なるほど
確かに

キャラクターづくり

ぼく　言葉というものに
すごい意味を感じていて
言葉をよく「解体」
するんですよ

解体？

たとえば「庭」って言葉を
聞いたら　そもそも「庭」って
何だろうと考えてみるんです

庭という単純なひとくくりの概念ではなく
解体して必要な要素を抽出していくんですね

その中で「もしかしてこれが
庭を決定付けてるのかな」
ってことを試すんです

そこから何かを見つけて
もう一度「庭」を
つくってみようという感覚で

へぇ
面白いなぁ（笑）

あ　それは多分
漫画のキャラクターづくりに
近いかも

まず僕はその人物像を
決めないで
キャラの絵だけ描くんです
漠然と太ったヤツとか
やせたヤツとかを

そしてその絵を何時間も
ジッと見つめながら
「こいつどんなヤツ
なんだろう？」
って考えるんです

そうすると「きっとこいつ
辛い物苦手だよな」とか
「トイレは長いな」とか（笑）

なるほど
だんだんと命が
吹き込まれていくん
ですね

徐々にキャラクターの
表情が見えてきて
その人物像が決まっていくんです

ええ　最初に
絵ありきで

スゴイなあー
ぼくもそんなやり方で
建築つくってみたい

主役を引き立てる方法

住宅をつくるときって
リビングが主役になりがち
なんですよ

お施主さんに
「30畳の豊かで自由な
リビングをつくりたい」と言われて

それでそのまま30畳の枠を
最初に図面に描いてしまうことが
ぼくにはなんだか自由なリビンング
じゃないような気がして

うん うん

それよりもまず
リビングから見える
庭について考えるとします

たとえば庭に
たくさんの緑を植える
すると
その緑を目当てに
たくさんの野鳥がやってくる

そんな美しい庭を
どういう窓から
どんな椅子に座って
どんな角度や大きさで
見たいか
って考えると

だんだんとリビングの
設計ができてくると
思うんですね

無関係な関係性って
ぼくはよく言うんですけど

リビング以外の
ことを考えることが
リビングを考えること
なんじゃないかと

設計する対象以外を
見ることで本質が
見えてくると
思うようになったんです

だからもっと
無関係なこと
やんないとなって

漫画の主役も 周囲の
ザコキャラが動いてはじめて
主役が引き立つもんね

（笑）

名前を考える

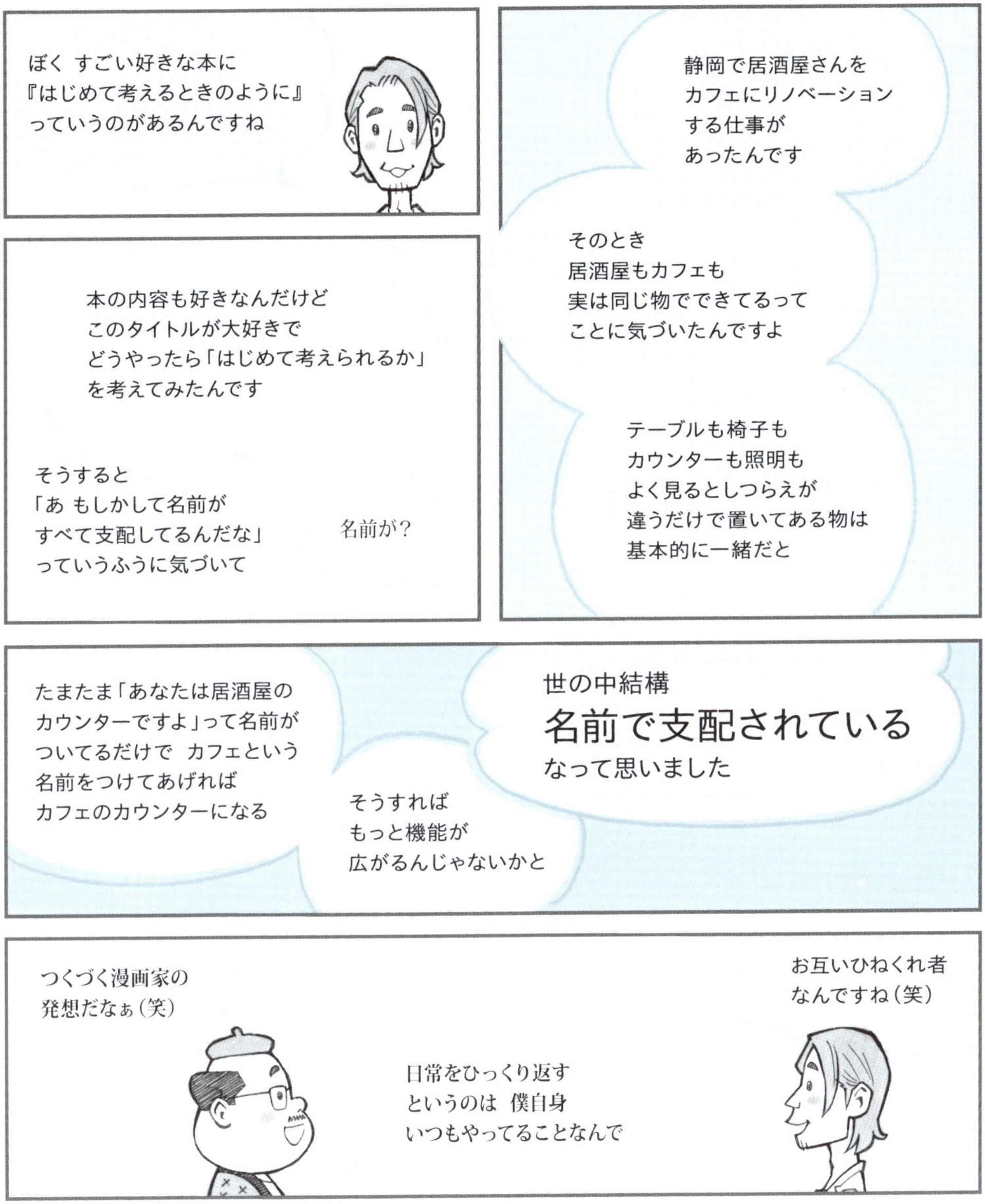

ぼく すごい好きな本に
『はじめて考えるときのように』
っていうのがあるんですね
本の内容も好きなんだけど
このタイトルが大好きで
どうやったら「はじめて考えられるか」
を考えてみたんです
そうすると
「あ もしかして名前が
すべて支配してるんだな」
っていうふうに気づいて
名前が?
静岡で居酒屋さんを
カフェにリノベーション
する仕事が
あったんです
そのとき
居酒屋もカフェも
実は同じ物でできてるって
ことに気づいたんですよ
テーブルも椅子も
カウンターも照明も
よく見るとしつらえが
違うだけで置いてある物は
基本的に一緒だと
たまたま「あなたは居酒屋の
カウンターですよ」って名前が
ついてるだけで カフェという
名前をつけてあげれば
カフェのカウンターになる
そうすれば
もっと機能が
広がるんじゃないかと
世の中結構
名前で支配されている
なって思いました
つくづく漫画家の
発想だなぁ(笑)
日常をひっくり返す
というのは 僕自身
いつもやってることなんで
お互いひねくれ者
なんですね(笑)

これからのチャレンジ

これから窪之内さんは漫画家として何か大きなチャレンジってあります？
最近の漫画の傾向としてとても閉鎖的で絶望をうたったものが多いような気がしています
画一的なものが増えて作家性も希薄になりつつある
僕は本来 漫画ってもっと希望を与えるものだと思ってます
それを踏まえたうえで
「この漫画 窪之内 英策にしか描けないよね」って言われるような作品を残したいです
ぼくは新しい建築家像をつくりたいですね
建築家特有の閉ざされた言語ではなく子どもでも分かるような言葉で伝えたい
そうしないと建築家になりたい人も建築家に頼みたいという人も増えない
建築を変えること以前に
建築家像を変えることが大切なんじゃないかと
それがぼくのチャレンジです

対談を終えて

本日は対談させて いただき本当に ありがとうございました
とても 楽しかった です
いえ いえ こちらこそ
お会いできて 嬉しかったです
これからも 良いものを つくって いきましょう
ええ お互いに

勘違いの建築

勘違いの建築

26歳のとき、なんの保証も後ろ盾もなく独立しました。独立といえば聞こえはよいのですが、当時は大きな会社の図面を描く下請け業務をしていました。下請け仕事をしながらのんびり生きていこうなんて、甘い考えで毎日を過ごしていたのです。下請けには、言われたとおりの図面を期限内に仕上げることが求められます。ぼくも、最初のうちはお利口にこなしていました。ところがやっぱり出てしまったんですね、ぼくという自我が…。あるときを境に、頼まれてもいないのに、「もっとこうしたほうが良くなるんじゃないか」「ここはこうしたほうが絶対いい」などと提案し始めてしまったのです。あげく、締め切りも守れなくなり、やがてとうとう仕事の依頼が来なくなってしまいました。実社会の「長い物」に自分を合わせられなかった、ほろ苦い思い出です。ただ、今のぼくは、それで良かったんだと胸を張って言えます。

頼まれたことを言われたとおりにやることは、マナーとしてもちろん大切です。しかし相手に喜んでもらうためには、もっと良くなるように全力で提案することも大切じゃないかと思うんです。さらに、より良い提案をするために必要ならば、慣例やしきたりのようなものにあえて従わないほうがいい場合も、ときとしてあるのではないでしょうか（それが有効になる場合に限り、ですが）。空気が「読めない」のは残念なことですが、「読まない」っていうのは自分の意志です。これまでにさまざまな失敗を経たことで、ルールを破るのではなく、ルールを少しずつ少しずつ溶かしていくようなアプローチで、自分なりの提案ができるようになってきました。決して自分の気持ちに嘘をつくことなく、そのときそのときの「本気」を込めた提案で相手に喜んでもらえるよう、建築の仕事を続けていきたいと強く思うのでした。

01 仕切っているのに仕切っていない

住宅の依頼をいただいたお施主さんのお宅にお邪魔すると、その中にほとんど使われていない「仲間はずれの部屋」があったりします。建物の中の空間は、通常、部屋ごとに壁や扉で仕切ってつくられているので、人がいないときは部屋が仲間はずれになってしまうんです。ならば、仲間はずれをつくらないように、壁や扉を使わずに仕切る方法を考えてみます。街の中には、壁や扉のような仕切りがないのに仕切られているように感じられる場所があります。たとえば神社の鳥居。鳥居をくぐっても、くぐる前に比べて景色ががらりと変わるようなことはありません。それなのに、神聖な場所に足を踏み入れた感覚になりますよね。鳥居自体はいたってシンプルな構造で、壁や扉のように物理的に空間を遮断しているわけではないのに、仕切りとして立派に機能しています。

また子どもの頃、地面に枝の端切れで線を引いて、「ここが台所」なんて言いながらままごとをした経験や、「ここは牢屋」って言われて、その囲いの中にじっとしていた経験が、みなさんにもあるのではないでしょうか。あれも、線だけで仕切りを意識できた好例ですよね。このような考え方で建物を設計してみたら、仲間はずれの部屋のない建物ができるかもしれませんね。建築をつくっていくうえで、空間を仕切るということについて、もっともっと考えてみたいものです。

02 面積ではなく体験という広さ

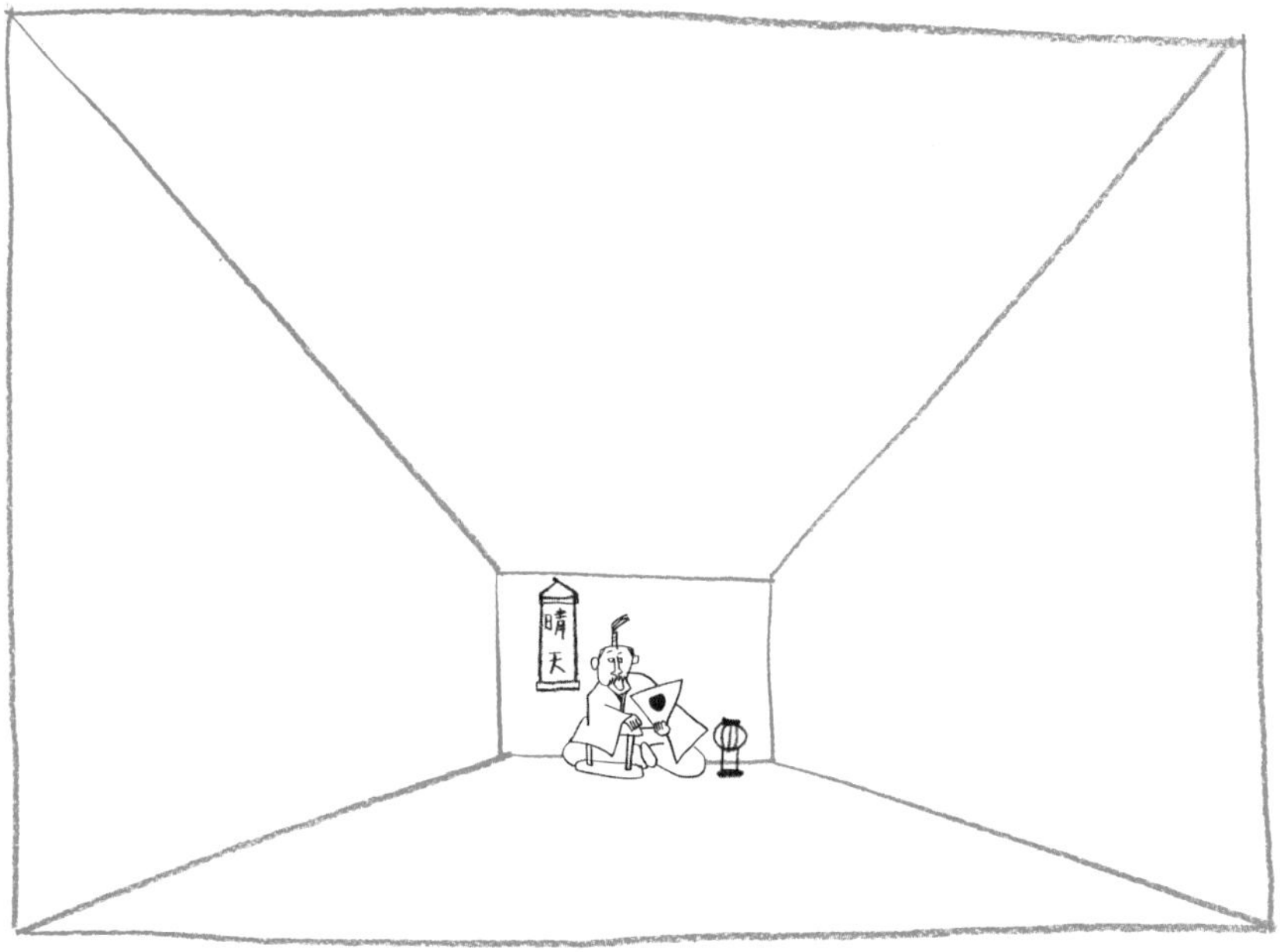

あるとき、間口3.5メートル、奥行き25メートルという、細長くて狭い敷地の住宅設計を依頼されました。少年時代にぼくが住んでいた家もそうでしたが、細長いとなんだか狭く感じるんです。だけども、たとえ小さな敷地でも、お施主さんは広い空間が欲しいと考えるものです。その希望に応えるため、狭い敷地を広く感じるにはどうすればよいのか、考えました。その結果、たどり着いたのが細長い敷地を8等分にする案。1つの細長い敷地が8つの部屋となり、1つめの部屋、2つめの部屋、さらに3つめの部屋へと奥に進んでいくわけです。たくさんの部屋を通過して体験する

うちに、いつの間にか大きな空間の中にいるような感覚になっていることに気づきます。敷地という1つのものを、たくさんの体験に置き換えたことで、狭さが広さに変換されたのです。時代劇コントでもありましたよね、襖を開けても開けても殿様のいる部屋までたどり着けず、「殿〜、殿〜、殿〜」と叫びながら奥へ奥へと進んでいくシーンが。あのような体験が、広さを感じさせるきっかけになるんだと思います。「狭いと感じるのはなぜなんだろう?」「広いと感じるのはどうして?」そんな素朴な問いの先に、新しい解釈の「狭さ」や「広さ」がまだまだあるはずだとぼくは信じています。

住宅を建てるときに最も多い要望は、「広いリビングが欲しい」というものです。一方、「広い廊下が欲しい」なんて要望は今まで聞いたことがありません。住宅にとっては廊下も大切な場所なのに、どうしてなんだろうと、ある日考えてみました。すると、廊下は住宅の中では比較的狭くて暗く、移動するときにしか使われない「通過点」であることに気づきました。家をつくるときは、くつろぐためのリビングに始まり、ご飯をつくるためのキッチン、食事をするためのダイニング、眠るための寝室、子どものための子ども部屋、入浴のための浴室、というように構成されていきます。これらの場所は、「○○のための」とそれぞれの機能が

あるから大切にされているのかもしれませんね。それならば、廊下にも機能を与えようと考えました。でも、狭い場所には機能が生まれにくいんです…。そこで、廊下を少しずつ拡げてみることにしました。廊下の幅が徐々に拡がっていくと、まだ廊下、まだ廊下、まだ廊下、まだ廊下…「んっ、あれ? これって部屋かな」っていう、廊下が部屋になる瞬間がやってきます。それによって、「部屋→通路→部屋」だった関係が「部屋→部屋→部屋」の関係になっていくのです。住宅の中すべてが部屋になれば、廊下でご飯を食べることも、勉強することも、眠ることもできる。廊下が部屋になる瞬間、階段が椅子になる瞬間、いろいろあると思いますが、大きさによって変わるモノの価値、そんなことにぼくはとても興味があります。

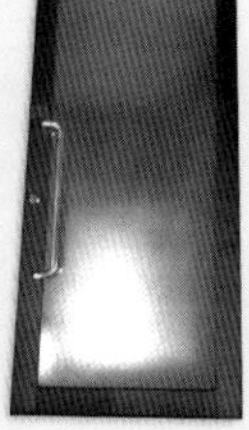

03 廊下が廊下でなくなる瞬間

04 テーブルがテーブルでなくなる瞬間

廊下と同様にテーブルも大きくしてみると… 家具だったテーブルの天板が、気がつくと屋根になっているかもしれません。みなさん、地震が来てテーブルの下にもぐり込んだ経験はありませんか？ そのときテーブルは、まるで屋根のような役目をしていたはずです。こう考えてみると、ぼくらはすでにテーブルを建築として認識し、実際に使用しているのではないでしょうか。

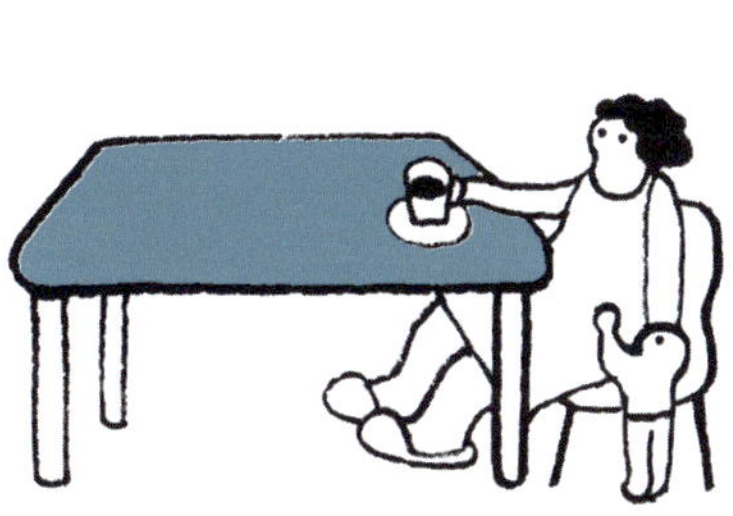

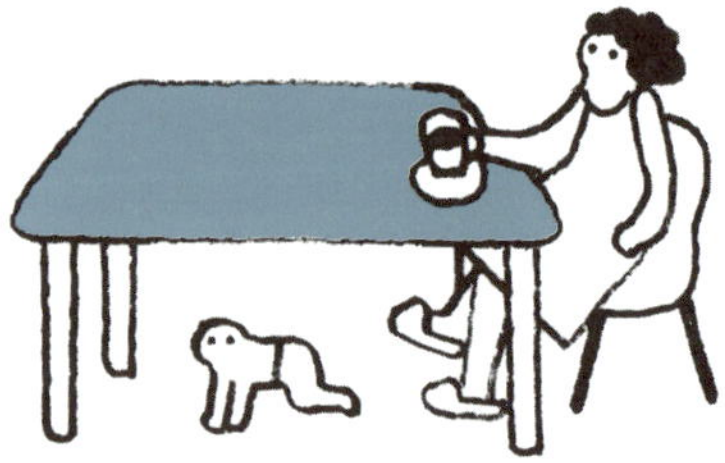

みなさんは幼い頃、どんな場所で遊びましたか? うちの実家の近くには公園がありました。でもぼくは公園よりも、道ばたや路地、神社や河原で遊ぶのが好きでした。今考えてみると、これは当然なことだなって思います。なぜなら公園は「ここで遊びなさい」という与えられた場所です。さらには、ブランコで揺られ、すべり台をすべり、ジャングルジムを上ったり下りたりというふうに、遊び方までもが用意されています。一方、道ばたや路地、神社や河原では、どこで遊ぶか、またどうやって遊ぶか、すべてを自分で考え、迷い、選んで決めなければなりません。だからそこには発見があり、想像力が育まれたのです。公園で遊ぶこともありましたが、すべり台やブランコは本来とは違う使い方を開拓して、「新しい遊び方を見つけた!」と心を踊らせていた記憶があります(ぼくが根っからの天邪鬼ということもありますが)。もしかすると、使い方の決まっていないごく普通の部屋や場所こそ、発見の喜びや新しい楽しさがいくらでも埋まっている「前人未到の宝島」なのかもしれませんね。

『釣りキチ三平』を自称していたぼくは、中学生の頃まで、帰宅後は釣竿を持って、近くの川に釣りに出かけていました。夕飯の時間になると、お婆ちゃんが土手の上からぼくを呼び、ぼくは釣竿を川にたらしたまま家に帰りました。そして夕食後は、また河原で釣竿をたらして、じっと夜が来るのを待っていました。夜になるとあたりには外灯なんてないので、本当に真っ暗。何も見えない。でも、そこには水音や虫の声、風の音、川の匂い、草の青、それにもちろん釣りの餌の臭いもあって、視覚以外の感覚が研ぎすまされたことを今でも覚えています。

釣竿の先に鈴をつけ、ただ静かに川の中で起きていることを想像しながら、魚が喰い付くのを待ち続けた経験は、

07 暗闇で釣りをする

今になって、「物事を見る、そして向き合う」という行為にとても
役立っているように思います。「見る」ことは目を使うことだけじゃないんだなと、
当たり前のことかもしれませんが、しみじみ感じている今日この頃なのです。

08 主張するために主張させない

ぼくはあまりにもテレビを見ないので、世の中の出来事をかなり遅れて知るほうです。そんなわけでテレビCMなんかも、放映開始からずいぶん遅れて目にすることがあります。あるとき、たまたまテレビを見る機会があり、矢沢永吉さんがビールのCMに出ていました。その画面はビールだけがカラーで、それ以外はすべてモノクロで表現されていました。いつもならば存在感あふれる矢沢さんが、良い意味で脇役になっている、とても印象的なCMでした。色であふれた世の中で、モノクロにすることで主張を消し、ビールだけを際立たせているのを見て、周りの主張を消すことで主張したいものが際立つんだなーって、感心しました。建築をつくるうえでも、同じです。主張するために主張しない、そんな精神で空間を―たとえば店舗を―つくったとしたら、商品やお客さまだけが主役になれる、そんなお店をつくることができるんじゃないかって思ったのでした。モノクロの風景、想像するだけでなんだかワクワクしてきます。

10 自然ははかりしれない

「とにかく広い部屋が欲しい！」掃除が大変なことも冷暖房が効くまで時間がかかることも承知のうえで、誰もが一度はそんな思いを抱いたことがあることでしょう。普通に考えると、広い空間というのは面積の大小で判断されがちです。10畳より20畳、20畳より30畳のほうが広いのは間違いないことです。でも、広さは面積の大小だけで決まるのでしょうか？ たとえばぼくたちが外にいるとき、面積の大きさについて考えることは少ないですよね。多くの人は海も山も空も、何㎡あるかなんて考えません。それでも、「海は広いな、大きいなー♪」と歌にあるように、誰もがその大きさを実感しています。では、なぜ海は広くて大きいのでしょうか？ それについて考えた

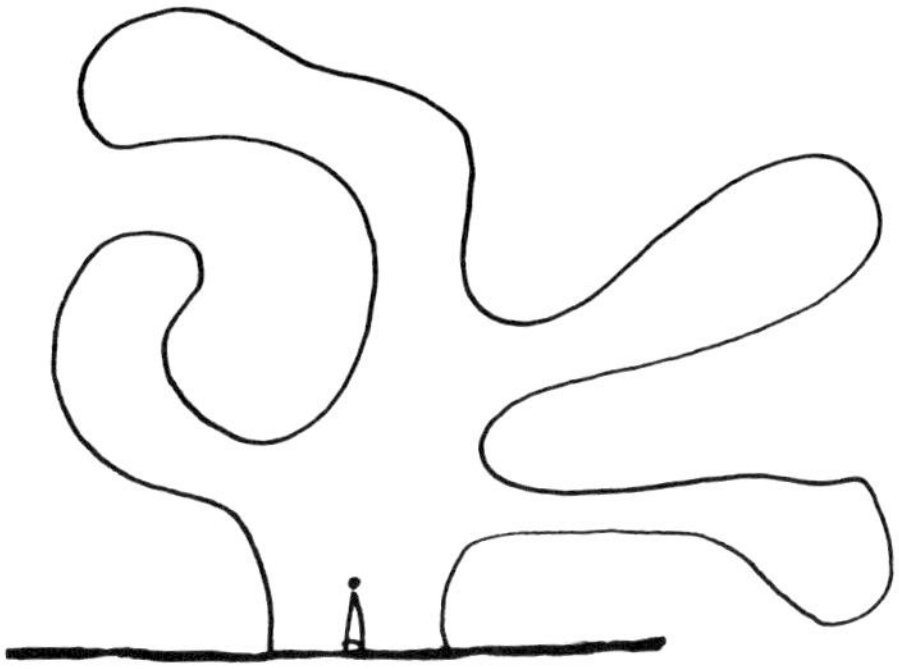

ぼくは、1つの答えを見つけることができました。それは、「自然にはものさしで測ることのできる大きさ、つまりスケールはない」ということです。建物をつくると面積などの数値的な大きさが決まってしまいますが、もし、大きさの分からない建物ができたら、海や山や空のように、無意識に感じる広さみたいなものにたどり着けるのでは、と考えたのです。どこまでも続くようなリビング…そこではきっとぼくらは「広さ」なんて気にもしなくなることでしょう。洞窟の奥がほのかに明るいと、その奥に新たな空間があるのではという予感が生まれるように、空間に「向こう側への予感」をつくり出すことで、きっと「新しい広さ」にたどり着けるに違いない、と考えました。

drawing: makoto tanijiri

11 自然にスケールをあたえる

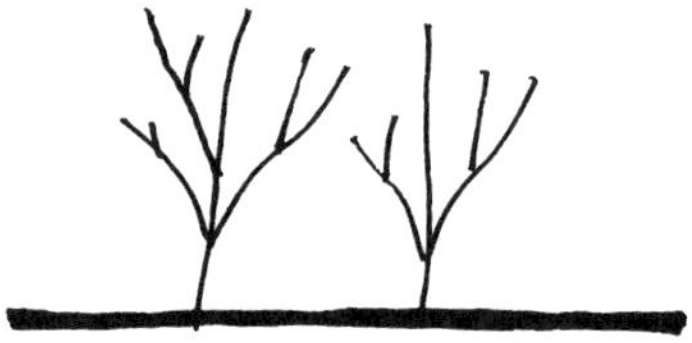

建築は、敷地や周辺環境といった自然との関わりを常に考えることで成立します。よく「開放感のある空間」という表現が使われますが、設計上、窓を大きく開け、建築と自然のつながりを強調することで開放感を生み出すことも少なくありません。これ、言い換えると「建築の内側（内部）が外側（外部）に近寄っていく状態」と見ることができます。ではさらに、この状態を、

“内部が外部に恋こがれた片想いの状態”にたとえたら、外部から内部へも言い寄らせることで、“両想いの状態”ができるのではないでしょうか？ 建築の工夫で外部にスケールを与え、定規では測れない自然を囲い込むこと。それにより外部が内部のように感じられるなら、今までよりももっと、内部と外部の親密な関係が築けるんじゃないか、と思うのです。

drawing: makoto tanijiri

12

ボロかっこいい

長い間、履き続けられた
時間の経過が現れているジーンズが、ぼくは大好きです。
自然にできた色落ちや穴などのダメージには、
新品では絶対に表現できない
一品ものとしての力強さや美しさがあります。

そんなジーンズに新しくてきれいなシャツを組み合わせると
古いものと新しいものがそれぞれの良さを引き立て、
着ている人の個性を際立たせることにもつながります。

建築も同様に古い建物や荒々しい空間に、
シャツのような新しさを足すことで、
ジーンズとシャツの関係のような、その場所でしか実現できない
そんな美しさがつくれるといいなと日々考えています。

13 音で見る

暗闇の中にいると

部屋の大きさが分かりません。

でも、耳を使えば、

音で人との距離も分かるし、

部屋の広さだって、

分かるんですね。

足音が

コ ツ コ ツ

という空間よりは、

コッ————————-----ン

コツ―――――――――ーーン

コッ―――――――‐‐‐‐ン

コッ――――――――ン

って響き渡る暗闇のほうが、

もっと広く感じられます。

日頃、目に見えるもので

広さや大きさをぼくらは感じていますが、

実は知らないうちに

音でも空間の広さを感じているんですね。

音で空間を見る、

とでもいうのでしょうか。

意識すると、街や公園、レストラン、

もっといろんな場所で、

いろんな音の空間が拡がっている、

そんな気がしてきました。

THINK

14 無関係な関係性

設計をやっていると、お施主さんが右利きなのか左利きなのか、使い勝手を決めるうえでもたいへん気になります。先日、外科医の先生にとても面白い話を聞きました。その先生は右利きなのですが、最近は内視鏡の手術が主流なので、両手とも十分に使えないとうまく手術ができない。そこで、普段の生活では左手で箸を使ったりして練習をしてきたそうです。ただ、「左手で箸を使って食べる料理の味が、右手で食べるときと同じになるまで、およそ2年かかった」と先生はおっしゃいました。右利きの人が左手の練習をすると、意識が左手に集中してしまいますよね。その分、右手はおろそかになるわけです。ところが、普段右手を使って食べているときって、実は左手がうまく右手をガイドしているんです。つまり、「右手のための左手のあり方」があるから、右手でうまく食べられる。なのに、左手を練習するとき、誰も右手の練習はやらないんです。本当は、左手をガイドする右手の使い方を会得してはじめて、両方同じような感覚と使い方が成立し、右でも左でも同じ味を楽しめるところに到達したりするわけですね。先生の話を聞いて、ぼくが普段、建築で考えていることとつながりました。窪之内さんとの対談（33頁）でも話しましたが、リビングをつくるために庭について考え、庭をつくるために隣の敷地について考える。そのことの大切さと、これは同じだ、と。ある事柄にとって本質的でとても大切なことって、無関係のような顔を装いながら、実はそのすぐそばにあるんですね。だからこそぼくは、建築を考えるために建築以外のことにも、もっともっと関わっていこうって思うようになりました。建築のそばにある無関係な関係性が、建築をもっと豊かにしていく…、そんな関係性にぼくはいま興味津々なのです。

高校時代、バスケットボール部の監督を崇拝していたぼくは、忠犬のように監督の言うことを聞いて、日々練習をしていました。よく監督に「1人でプレーをするな」と叱られていました。マイケル・

15 ひとりプレーしない

ル・ジョーダンのように圧倒的な個人技で相手ディフェンスを突破できれば別ですが、ぼくにはそんな能力はありません。自分でドリブルして走るよりも、誰かにパスを出して、その間にしっかり走ってパス

走ってパスを返してもらうほうが、絶対に早く前
に進めます。このような発想は仕事でも当てはま
ります。自分だけで考える時間もときには必要で
すが、一緒に仕事をしている仲間にパスを出しな

を返してもらうほう
が、絶対に早く前に
進めます。このよう
な発想は仕事でも当
てはまります。自分
だけで考える時間も
ときには必要ですが
一緒に仕事をしてい
る仲間にパスを出し
ながら前に進むこと

がら前に進むことの大切さが、今は身にしみて分かります。こういったパスのやりとりをチームプレーに高め、1人ではなし得ないような素晴らしいものをつくり出したいと思っています。

の大切さが、今は身にしみて分かります。こういったパスのやりとりをチームプレーに高め、1人ではなし得ないような素晴らしいものをつくり出したいと思っています。

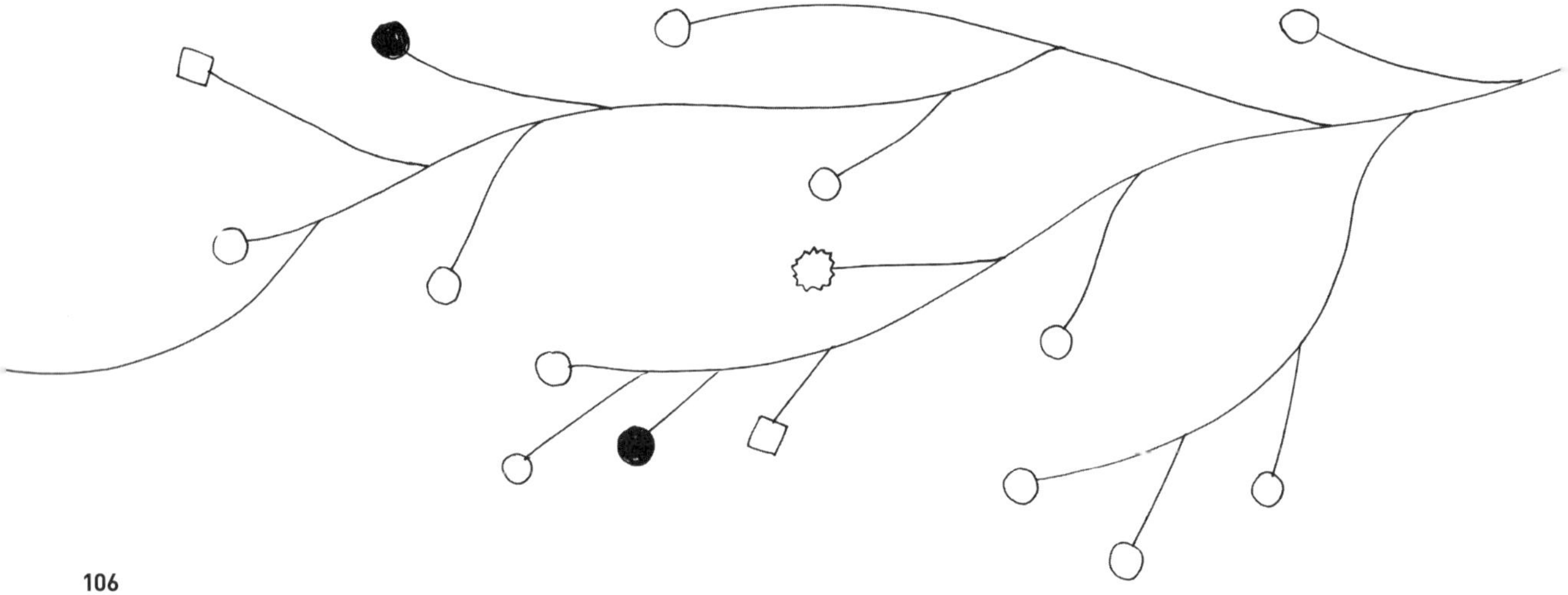

仕事には、頼まれる仕事と頼む仕事があります。たとえばコピーを頼まれたとします。言われたとおりコピーをとって渡すだけの人と、コピーをとる前に用紙サイズや枚数を確認したり、ほかに必要な作業はないか尋ねたりする人がいたとしたら、きっと後者のほうが、次にまた仕事を頼まれると思うんです。仕事とはそうやって、頼まれる状況をつくっていくことなんだと思います。もちろん逆に、頼み方だって大事です。コピーだけを頼む人と、なぜ必要か、それがどんなふうに使われるのかを説明する人とでは、後者から頼まれるほうが、頼まれる側のモチベーションも違ってくるはずですね。そんな些細なやりとりのなかにも、大きなコミュニケーションがあるとぼくは思うんです。伝え方と、人の気持ち、そこにはとても密接な関係があります。コミュニケーションって、そんな小さなところからもう始まっているんですよね。

16 いまやっている仕事が未来をつくる

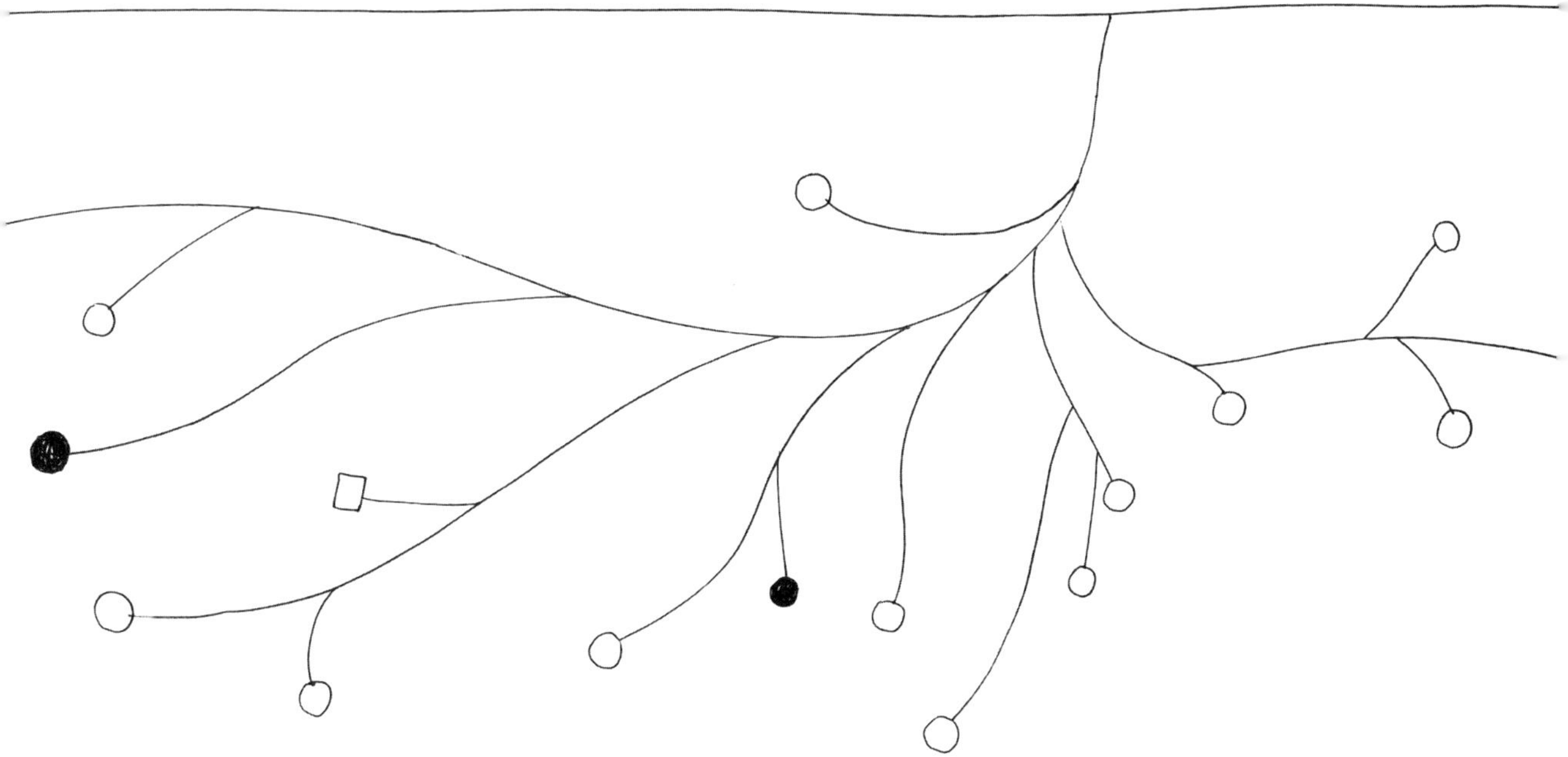

ぼくはファッションが大好きです。若い頃から、手元のお金はすべて洋服や靴につぎ込んでしまっていたくらいです。洋服と建築ではジャンルが異なりますが、洋服から学んだことを建築で活かせることがあるんです。建築がぼくたちの生活を包み込んでくれることに似ていて、服も、人間の身体を包み込む一種の"建築"なのだといえそうです。もしも服と同じように、小さくたためる布のような素材で建築をつくれれば、建築現場で大工さんがトンカンすることもなくなり、廃棄物が出るという問題まで解決できるかもしれませんね。

17 洋服のような建築

断熱性能の低い古い建物には

冬になれば服を着せてあげて寒さをしのぎ、

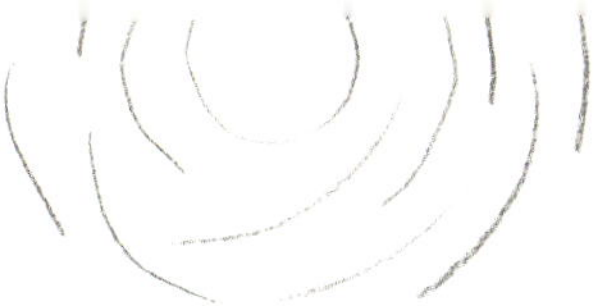

夏には薄着になれるような…

建築のための服があれば、古い建物の性能を補完することだってできるんじゃないかと思います。布の技術と建築の技術がそんなふうに手をつなぐことで、建築とファッションが融合する世界、建物と服が互いを高め合っていくような世界を、ぼくは今日も想像しています。

18 名前をとる

目にするすべてが新鮮に映った子どもの頃は、すべてに対して「なぜ?」と疑問をもっていたように思います。「なんで太陽っていうの?」「なんでお月様はまるいの?」。何かにつけては「なんで? なんで?」と聞き続けていました。好奇心のかたまりでした。ところが大人になって、「常識」という物差しを身に付けると、当たり前とされていることに、いちいち疑問をもたなくなりました。たとえば「椅子をつくり

なさい」と言われると、4本の脚があって座る座面があって背もたれがある…、そんな椅子をつくってしまうようになりがちです。けれどどうでしょう、「椅子ってなーに?」ってな感じで、「椅子」という名前を一度忘れてしまって、椅子の定義から考えてみるわけです。まず、椅子は座るためのものです。ならば、床と座るところの間にある段差に腰を下ろせば、4本の脚などなくてもそこは「椅子」になるわけです。

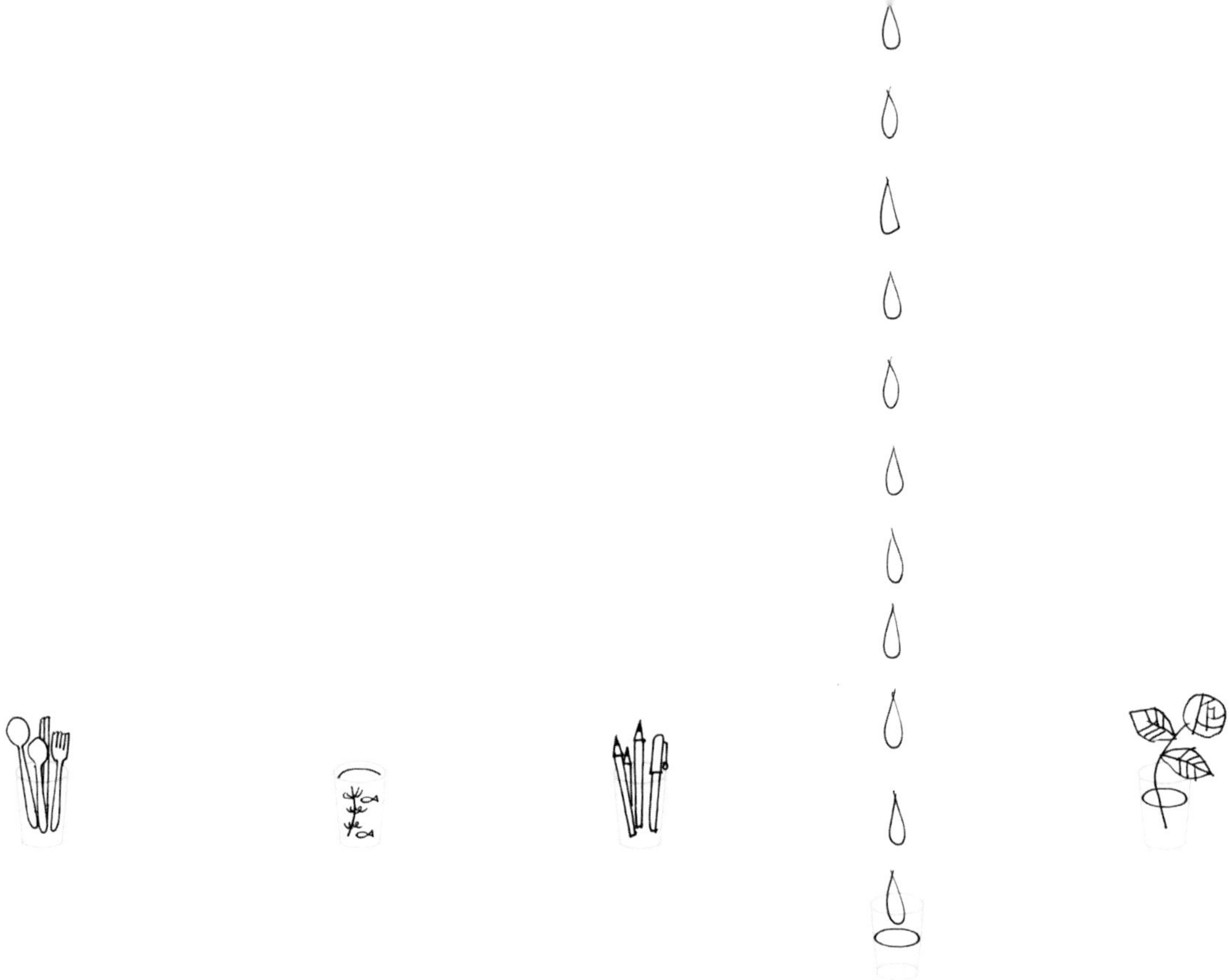

名前をとると、使い方だって多様化していきます。たとえば「コップ」。「コップ」というものの名前を
一度頭から追い出したうえでそのものを見つめてみると、飲み物を飲むための道具だったものが、
「あれっ、もしかするとこれで金魚が飼えそうだな〜」とか、「お花を生けて花瓶として使おうかな」とか、

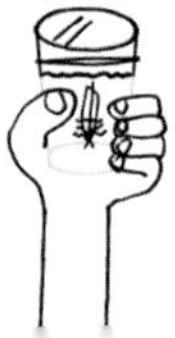

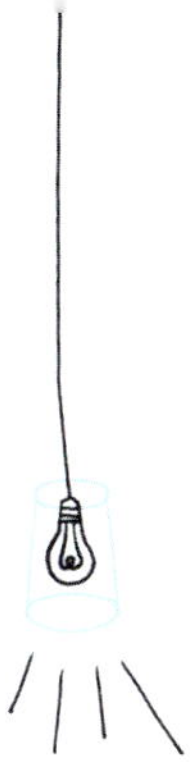

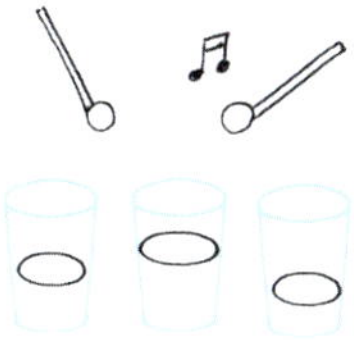

「鉛筆立てにしよう」「餃子の皮を丸く切り抜くための道具にしちゃえ」といった具合に、さまざまな可能性が広がるのです。こうやって名前がないものに向き合うこと、そんな子どものような視点こそが、新しいデザインを考えるうえでとても大切だと思います。

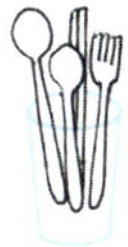

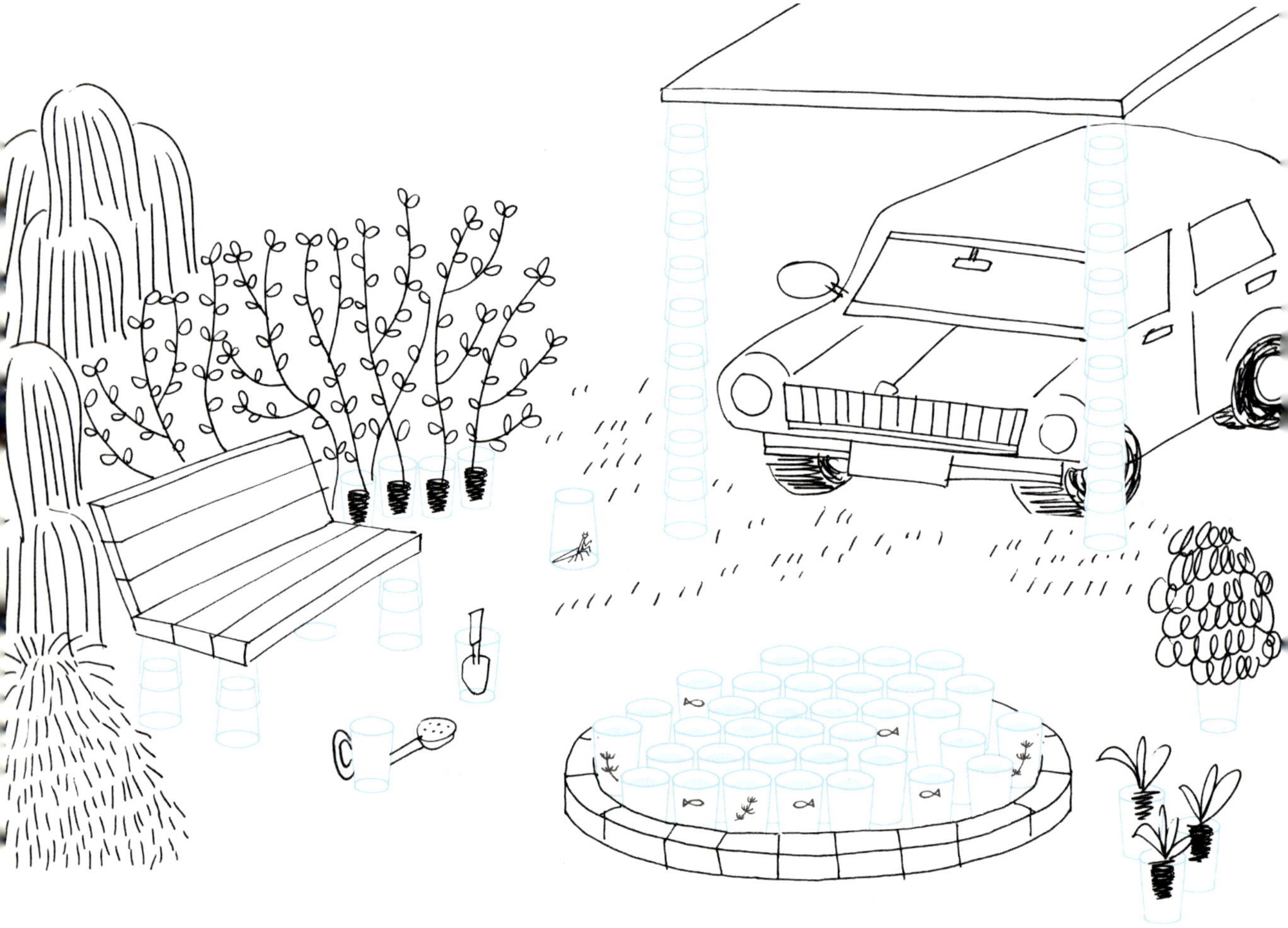

19 名前をつける

先ほどは名前を取り除こうというお話でしたが、今度は逆に「名前をつける」ことについて考えてみます。以前手がけた住宅で、建物はでき上がったのにポストがまだ届かなかったことがありました。届くまでにはまだまだ時間がかかってしまうという状況で、ぼくはとりあえず、有り物でポストをつくったのです。段ボール箱とペンを用意して、箱に「POST」って名前を書きました。それを玄関に置いたら、そこに郵便物が入り始めたんです。
「名前をつける」というデザインを施
すことで、ポストが誕生したのでした。
このように、すでに名づけられたも
のに別の名前をつけてあげることで、
そのものに新しい機能を見出せれ
ば、デザインの可能性を少しでも広
げられるんじゃないかと思っています。

20 未完成の建築

当たり前のことですが、一度つくり始めた建物は、工事が終わった時点で完成となります。そして完成した建物は、日を追うごとに少しずつ老いていきます。一方、庭に目を向けると、時間が経つと植えられている木の葉っぱが落ちたり、新しい草や花が生まれたりします。その景色には2つと同じものがありません。このように、自然のものは、うつろいながらも、そのときどきの美しさを見せてくれます。自然と同じように、経年変化をしながらも、そこに美が宿るような建物になれば、いつまでも人々に愛されるんじゃないか、と考えてみたりします。いってみればそれは、建物が未完成であり続けること。そんな建物のかたちに、ぼくはとても惹かれるのです。

これからの勘違い

これからの勘違い

今のぼくは四六時中、寝ても覚めても建築のことを考えてばかり。全力、いや「全身建築家」です。食事や音楽、アート、ファッション、本など、あらゆる事物からの刺激に触れて、まずは自分の中でそれらを建築に置き換えて考えます。たとえばレストランで食事をするとき、料理が盛りつけられたお皿を見て「お皿が敷地。肉や野菜が建築」と見立て、なぜそれが綺麗に見えるのかを考えます。こんな話をアパレルメーカー「BEAMS」の青野賢一さんにしたら、「谷尻くんがしていることは翻訳だね」と言われ、ぼくはハッとしました。それ以降、勝手ながらこの言葉を自分の言葉のように使っています。青野さんごめんなさい。これからは「©青野」と表示します（笑）。翻訳とは「見聞きしたものを自分の問題として引き受け、自分なりに解釈し、自分の言葉でアウトプットすること」です。ぼくにとっての「自分の問題」は建築です。いろいろな人から見聞きすることを「建築の問題」としてとらえて翻訳します。そうすれば、一見自分とはかかわりがないように思えていたことが、とても身近に感じられ、場合によってはあたかも自分自身のことであるかのような錯覚が生まれるのです。かねてからそんな“翻訳癖”をより多くの人と分かち合いたいと思い、その方法について考えていました。

2011年4月、ぼくは広島市の川沿いの事務所に未練を残しながらも引越しをすることになりました。川沿いという絶好のロケーションにこだわっていたばかりに、15坪（30畳）にスタッフ15人という過酷な環境になっていたので、意を決して74坪（148畳）のところへ移ったのです。その広い空間を自分たちが所有する意味を考えたとき、「翻訳」という行為をたくさんの人と分かち合う方法をひらめいたんですね。そこは37坪のフロアが2階と3階に分かれていて、両方を事務所にすることもできたのですが、2階をオフィスとし、3階は「名前のない空間」として使用することにしたんです。もともと住居として使われていたところから壁や扉を取り除いた、空っぽの空間でした。「空間をつくることなく空間をつくる」ということをコンセプトに、さまざまな分野で活躍するゲストを毎月「名前のない空間」に招き、「THINK」というイベントを開催することにしました。空間には、イベントのたびに名前をつけていきます。なにもない空間にアート作品が展示されると、そこは「ギャラリー」になり、アーティストが来て歌を歌えば「ライブハウス」に、シェフを招いてみんなで食事をすると「レストラン」に…。そう、「名前のない空間」は変幻自在なのです。建築をつくるとき、通常は先に空間に名前をつけ、そこでの行為を限定していきます。「THINK」では逆に、そこでの行為が空間に名前をつけていく、そんな実験をしながら、ゲストの言葉をみんなで翻訳し、共有していくことにしたんです。同じ話を聞いても、人によって翻訳する言葉や形はきっと違うはずです。そういった多様な価値観を知ることに、とても大きな意味があるとぼくは思うんです。建築以外のことから建築の魅力を見つけ、建築の思考がほかのジャンルへ良い影響を与えられるような、そんな場所を目指しています。建築がさまざまなジャンルにクロスオーバーしていくことで、普段は建築の世界に縁遠い人たちに、少しでもそのおもしろさを届けていきたい。建築と社会とのかかわりをより深め、建築がより身近なものに感じられるようなきっかけをつくっていきたい。今ぼくは、それが自分の使命だとさえ感じています。建築はぼくに多くのことを教えてくれました。きっとこれからも多くのことを学ぶでしょう。だからこそぼくは、これから先、「翻訳」という行為をとおして、いろいろな素敵な出来事をいろいろな人たちと分かち合いたい。それがすぐに社会を変えるほどの力はもち得ないし、世の中がみるみる豊かになったりはしないかもしれません。それでもぼくは、建築の力を信じてやまないのです。

THINK

勘違いのはなし

KENICHI AONO × MAKOTO TANIJIRI

Translation【翻訳】――この言葉をいただいたのは、青野賢一さん(BEAMSクリエイティブディレクター/BEAMS RECORDSディレクター)からだった。音楽ということを建築で考えてみる。ファッションということを建築で考えてみる。日々、そんなことを考えていると話したとき、青野さんは、「谷尻くんのその行為は翻訳だね」と話してくれました。これほどまでにしっくりくる言葉があったことに驚き、そしてとても感動したことをいまでも覚えています。そんな言葉のセレクトに迷いのない青野さんの思考について、それ以降興味をもったのは言うまでもありません。そこで青野さんをお招きして、対談のお時間をいただきました。

青野　谷尻くん、「地球空洞説」って知ってる?

谷尻　いきなりなんですか!?

青野　地球は、核があって、マントル(核の外側層)があって、地表があるというのが一般的に正しいと言われている姿。だけどもこの説が一般化される前に想像力豊かな人たちがいろんな説を唱えていて。「地球空洞説」もその1つ。これは地球の中ががらんどうで、北極と南極を結ぶ穴があって、そこは空洞になっている。さらに穴の中に入っていくと、パラレルワールドのごとく人が住んでいる…というものです。普通に考えて内側にいる人たちは重力があるから落っこちてしまうんだけど、なぜこの説が成立するかというと「地球は遠心力に支配されている」からだと。遠心力が働いている証拠として、空気上には軽い物質が、地面には鉱物や石といった重い物質が存在すると唱えているんだよね。

谷尻　おもしろい! なんかありそうですよね。

青野　この説を立証しようと「南極まで行くお金を出してほしい」とアメリカ政府にかけあったり、講演をしてその資金を調達したりした人もいたみたいで。ちょうどこの説に触れているドイツ文学者の種村季弘さんの本を読みなおしていたこともあり、この本のタイトルにある“勘違い”っていう言葉を聞いて、「地球空洞説」が浮かんだ。この説は、人類の大いなる勘違いを示す象徴的なエピソードだと思うんだよね。

青野賢一　AONO Kenichi

BEAMS クリエイティブディレクター／BEAMS RECORDS ディレクター。
セレクトショップ『BEAMS』のクリエイティブディレクターとして、ファッション、音楽、アート、文学などを繋ぐ活動をおこなう。2010年には初の著作集『迷宮行き』（天然文庫／BCCKS）を発表。雑誌『OCEANS』、『ROCKS』、文芸誌『IN THE CITY』にてコラムを連載中。また山崎真央（gm projects）、鶴谷聡平（NEWPORT）との選曲ユニット「真っ青」としても活動し、「SPECTACLE in the Farm 2010」「港のスペクタクル」（2011）などにも出演した。

谷尻　そうなんですね！ ぼくがなぜ勘違いというキーワードをこの本の書名に盛り込んだかというと、思い込み＝勘違いが、ときにポジティブな思考法になるということを伝えたかったんです。自分が「できる」と思えることって、自分は信じているといえど、世の中から外れていて「アイツ、できないのに何勘違いしてやってるんだろう」と置き換えられてしまうこともある。ところが自分の知識や経験値が豊富になると、「できる」という幅が広がると同時に、トライできる領域が狭くなっているように感じて。振り返ってみると子どものころは勘違いしたり、思い込んだり、それでたくさんの失敗ができた。

青野　トライ＆エラーだよね。

谷尻　それが大人になるにつれてトライしない分、エラーもしなくなって。

青野　大人になればイヤな賢さが身につくからね。

谷尻　それってマズイと思うんですよ。昔のようにトライして向き合ってみないとダメじゃないかと思っていて。やっぱり新しいモノを生み出すのって「勘違い」が大きく働くと思うんですよ。ただ、それを才能と呼ぶのはちょっとちがう気がしていて。「勘違い」と言っているほうが社会と握手できるように思えるんですよね。みんながかつて感じていたこと＝「勘違い」をもう一度思い出してほしくて書名に入れたんです。

青野　今の説明を聞くと「勘違い」に共感する人は多いと思うな。それと「できること」「できないこと」を分けなくても、「とりあえずやってみる」という気持ちが大切だと思うんだよね。

谷尻　ぼくは勘違いで建築家になって、あるときから「できるかも」と思えたから、いろんなことができるようになった。今思えば恥ずかしいこともたくさんしてきているわけです(笑)。ルールも知らないから大胆な行動をしてしまったり。そもそも青野さんに出会ったのもtwitterがきっかけでしたよね。青野さんのつぶやきに共感することがあって、それをぼくがリツイートしたら共通の知人が「谷尻くん、青野さんと知り合いなの?」ってなって。じゃあ3人でご飯食べに行こうと……。

青野　今の時代っぽいエピソードだね(笑)。谷尻くんは、自分は運がいいほうだと思う?

谷尻　メチャクチャいいですよ、ぼく。

青野　僕も。そこがまた勘違いかもね(笑)。それに根拠のない前向きさがあるから、「だいたいなんとかなる」っていつも思う。

谷尻　それがあるからいろんなものが引き寄せられるんですよ。「ぼくはこれをつくる、これをつくる」と強く思っていると、本当につくる機会に恵まれることがある。自己洗脳のようですが(笑)。こうして引きが強くなっていると思います。

青野　僕の場合は「原稿を書かなきゃ」という状況のときに、いざ原稿に向かうとダメで(笑)。ボケ〜としたときに言葉が降りてくる。アイデアも同じく。

谷尻　青野さんはこれまで連載をされていたり、著書(『迷宮行き』天然文庫／BCCKS)を出されていますが、昔から文章が書けたんですか?

青野　いや別に誰に習ったわけでもなく、好きでも嫌いでもなかったんだよね。

「ライナーノーツ書いてください」「連載お願いします」と書く機会をあたえてくださっていまにいたる感じです。谷尻くんが建築で余白を大切にしているように、僕も文章を書くときはおなじように心がけているな。読んでくださる方には、休んでほしいところは休んでほしいし。言葉は意識にかかわってくるから、接続詞1つにしても人に与える影響は大きいので…… 読む方の"映像"に反応するからね。だから細かいニュアンスにもこだわるし、気をつけています。たとえば「これでいい」というのではなく「これがいい」と言ったり。

谷尻　それ、わかります！ ぼくもスタッフが「これでいい」と言った時点でその案はすぐに却下します。「これがいい」でないと伝わらないから。

青野　さすが（笑）。レストランで注文するときも気をつけるよね。料理をつくってくれる人のことを考えてたら、「これでいい」では悪いよ。妥協しているみたいで。「これが食べたい」という能動的な姿勢のほうが料理のおいしさもちがうし。

谷尻　本当、そのとおりです！

青野　谷尻くんとはジャンルはちがえど、言葉のニュアンスをくみ取ってくれたり、共感するところがあるから。だからこそ会話のキャッチボールが心地いいんだよね。僕は建築にかんしては門外漢だけど、今日も文字どおり"建設的"なお話ができました（笑）。

谷尻　ありがとうございました！

本項はWeb Magazine OPENERS内の連載「Another Architecture」において、2011年10月27日に掲載された「展覧会『Relation』記念 谷尻誠×青野賢一 対談」の一部を抜粋し、改変したものです。
協力：NANAYOU LIMITED Media Division | openers.jp

未完成の対談 01
× MAKOTO TANIJIRI

糸井重里さんは憧れの存在です。言葉を大切にし、日常の出来事を楽しくし、しまいには普段の暮らしにいとおしささえ感じさせてくれる。そんな糸井さんの活動が大好きです。できることならばぼくもそんなふうに、誰かがちょっとだけ幸せな気持ちになるような、そんな生き方をしたいと思っています。だからこそ、糸井さんに会ってそれを確認したいと思いました。ぼくがはじめて本をつくることになって、最初にそう思ったのです。ただ、この本ができあがるタイミングでは糸井さんに会うことはできませんでした。普通、実現しなかったページは、本の中から取り除かれるのかもしれません。でもぼくは、この大切なページを残してくれるよう、本をつくっている仲間にお願いしました。というわけで、今はこのページはでき上がっていません。いつか糸井さんとお目にかかり、このページを糸井さんとぼくの言葉で埋めたいです。そんなことを切に願いながら、このページが完成する日を待ちたいと思います。

ぼくはときどき、建築を学ぶ学生さんに、レクチャーをさせて頂くことがあります。
その時、紙と鉛筆を渡して、「あなたにとって建物の外部とはなんですか？」と問いかけることがあります。
すると、ほぼ全員が、渡した紙の中で、建物の外部と内部を表現します。
でも、紙面が建物の内部で、紙の外側が外部と考えることもできます。
また鉛筆を渡されると鉛筆で書かないと、いけないように思ってしまいますが、
紙に四角い穴をあけて窓をつくって、こちらが内部で、紙の向こうが
外部と表現することが、出来ます。
紙をしわくちゃにして線を引くことも
出来るし、線を引く部分以外を塗り
つぶして線を表すことだって
できるはずです。

紙と鉛筆を渡されたとき、
ほんの少し立ち止まって考えて
みることで、「外部」の意味、
「鉛筆で書くこと」の意味を
考えてみる、つまり与えられた
ことに対する答えを考えると
同時に、与えられた問い自体に
ついて考えてみることを、ぼくは、
とても大切に思っています。

紙と鉛筆

I saw…

私は見た　谷尻誠の勘違い

witness　**松澤 剛**　株式会社E&Y 代表取締役／デザインエディター

谷尻さんとの出会いは2002年、藤川さんという広島のインテリアショップのオーナーの紹介でした。その瞬間はあまり覚えてないけど、やたらと自然だった記憶があります。当時の谷尻さんは、エネルギーのようなものが奥底に漂っていて、キラキラしていて、でも少し物足りなさを感じているのも見え隠れしていて、そして今よりほんの少しシャイで。その頃の僕はというと、E&Yにいながらも自身の方向性の迷いを少し抱えていて、業界へのフラストレーションのような気持ちもあり結構不安定。谷尻さんも、自覚していたかわからないけど、建築の既成概念などに対して疑問を抱いているような感じで。なによりカウンター系の言葉ばかり聞かれた。そんな僕の勝手な想像もありつつ、多分お互いに相性がいいと感じていて、僕が仕事で広島に行くたびに飲みに行くような仲になり、その後は自然に深い話もするようになって仕事も一緒にするようになりました。

そして出会ってから6年後の2008年春。馬場さんという友人から、福岡の商業施設の中にある「三菱地所アルティアム」というギャラリーに企画を提案できるかもしれないという連絡をもらったんです。僕は、馬場さんに少し時間をもらえないか、と言いながらも、建築に対する企画かな、と漠然と想像していました。建築って社会的にもすごく近い存在なはずなのに、建築関係のよくある展示に対する僕の印象は、定義みたいなものが投げかけられ（もちろん大事な側面もありますが）、模型が置かれ、とても難しい説明をされる。感覚的にも「数学」とか「物理」的な単語と近くて硬質な印象がある。僕らのように、比較的建築に近い業界でも、なかなかに難しい。そんな建築のハードルをいい意味で下げるような企画ができたらなと考えていたのですが、過去に見ていた谷尻さんの作品やアプローチ、そして彼との会話が自然とつながって何となく見えてきて。彼の言語は丁寧でやわらかく、独特な比喩と接地面が広い言葉を使う。僕は彼の作品はもとより、彼の伝え方、ここに興味がありました。そこで僕は「建築を離乳食のように伝えることができる人間がいる」とまず電話で馬場さんにお伝えして、アルティアムへの企画に谷尻さんを薦めました。そしてすぐに一緒に福岡へ。その場でキュレーターの門脇さんに良い応えをいただいたのですが、なにより谷尻さんの奥を理解してくださったのだと思う。それにしても、この物語での谷尻さん、初速の速さ、対応能力、今となっては代名詞的なポジティブ思考、まぁ全開でした。

what's he like?

E&Yという家具のレーベルの代表で、見た目は怖いけど心優しい松澤さん。デザインタイドのディレクターでもある彼とは、もうかれこれ10年来の付き合いになります。言いにくい事を、ずばずばと言ってくれる良き友人であり良きライバルです。人生の大事な岐路では、必ず松澤さんに相談してきましたし、そしてぼくの、進むべき道を指し示してくれる大切な存在です。

そして同年秋、会場を東京ミッドタウンに移して初となるデザインイベント、「デザインタイド トーキョー」。僕らはというと、全員が根本的に変えようと意識しながら、それぞれ動いて、とにかくみんなテンション高い。とにかく会って、飲んで、話す。その頃も基本的に飲み友達である谷尻さんとも、週に何度もビールを。僕のことをよく理解していた彼は、デザインタイドの状況をいつも聞いてきてくれました。僕の当面の悩みは、どうしたって難しい会場構成。一方でその時期の谷尻トーンはというと、福岡での展示を通じて普段と違った表現行為におもしろさを見出したようで、これまたテンション高くて。―― デザインタイド自体が転機であること、人選において拠点が東京とか関係なく、パワー、驚きなど、デザインタイドのもっている性質との相性も含めいろいろ考えて、会場構成に谷尻さんの起用は考えていたのですが、当然にプランが大事で、それがないと判断もできないし、全体の景色が見えない。煮詰まっていたある日、「みつけた!」って、谷尻さん。あげく、夜中の2時くらいに自宅のFAXに彼の「考え」を送ってきました。見るとそれはとても彼らしかった。これを受け、僕なりの意味をもって谷尻さんを皆に提案したのですが、賛成の奥にいくつか不安も。そのうちの1つが、「広島??遠くない?」って。そこでの谷尻氏。「広島で遠いけど、そう思わせなきゃいいんでしょ」って。うん、そりゃそう。いいカウンターだった。

ここからは僕の今の言葉。今、谷尻さんは自身のエネルギーの利用方法を心得、東京にもう1つの重心を置くことで行動範囲を広げている。そして無限にあるといわんばかりにブレーカーを上げ、どんどん通電させている。人が好きで、自身の思考以外の要素もこころよく受け入れ、自分に取り込もうという貪欲な姿勢をもっている。彼の場合、こういう行為を素でやっているから嫌らしくない。恐いくらいに素で人に突っ込んでいく。きわどさも裏にあるけど、それが彼の最大の武器の1つだと思う。この先もその馬力は、今よりも明るい景色をもたらすと思う。だけど、人には24時間しか与えられていない。一方で、デザイナーや建築家は「上がり」でしか判断されない。時間をかけないと良い上がりは絶対に生まれないと言い切れる。だからこそ、時間の費やし方は気を付けないといけない。溢れてしまうから。とんでもない仕事量で各地を飛び回っている今の彼が、関わるすべての人と仕事に丁寧な時間を割けられているのか。友人として、この状況が心配でもある。

ここ数年でお互い忙しくなって以前ほど会う時間はなくなってしまいましたが、間違いなく10年後も松澤さんと一緒に仕事をしているでしょうね。そして今と同じように、お酒を飲みながら、思い出話に花を咲かせたいものです。

I saw…　　case 2

私は見た　谷尻誠の勘違い　「縁起者」編

witness　三藤 慶紀

僕は谷尻さんと出会って14年くらい経ちます。その間、谷尻さんを取り巻く環境はものすごく変化しています。でも、谷尻さん自身は全然変わってなくて、あの頃以上に信頼と尊敬の気持ちが大きくなっている今日この頃です。建築家として今もなお進化する谷尻さんを、友達として誇りに思います。

谷尻さんといえば、もはや勘違いの域に達しているといえるくらい、とにかくポジティブ。これは、谷尻さんを知ってる人なら満場一致のはずです。ときどき1周回って腹が立つほどです（笑）。

そんな谷尻さんを物に例えるなら起き上がり小法師ですかね。どんなネガティブや状況でもポジティブな答えで返す。おかげで僕も、「谷尻さんだったらこういう答えを出すだろうか?」と考えるようになり、ポジティブが染み付きました。あ～ざ～す。このように、谷尻さんのポジティブは、周りの人にうつります。

さらに、谷尻さんを介して知り合ったさまざまな人達ともポジティブな話で盛り上がってしまう、特別な人だと思います。いってみれば「縁起者」なのです。こういう人はなかなかいないんじゃないかって思います。だからこの愛すべき縁起者を皆で共有してポジティブになりましょう。

what's he like?

いつもおしゃれな慶紀とは、サラリーマン時代、深夜にこっそりバイトをしていたところで出会いました。そこでファッションの話に花が咲いたことを、今でも鮮明に覚えています。あれから10年以上が経ちましたが、慶紀の気配りや、人の気持ちが誰よりもわかる優しさなど、見習うべきところがたくさんあります。

I saw…　　case 3

私は見た　谷尻誠の勘違い　新手一生 編

witness　江角 敏明　有限会社ALF

彼との最初の出会いは、10数年前、私が請け負っていた住宅の増築工事現場だった。設計事務所の担当者としてやって来た彼とその場で打ち合わせをしたのだが、私の説明を「はい、よろしいです」と二つ返事で了承する様子が、何とも頼りない印象だった。その後、独立した彼から「仕事を手伝ってください」と言われたことから、本格的な付き合いが始まった。100万円の美容院の改装、200万円のスナックの改装など、広島市内の改装工事を次々引き受けた。あるとき、彼の同級生の自宅を改修するということで、広島県三次市のお宅に伺った。小さい頃、彼はそのお宅でよくご飯をごちそうになったり、泊めてもらったりしていたそうで、そこのお母さんが当時の様子を「まこちゃんのほうが、うちの子どもより素直でかわいかった」と語ってくれた。リップサービスということもあるかもしれないが、彼の人懐っこい性格は少年時代から変わっていないのだと、納得できた。

彼と仕事をし始めた当時、私の会社は先細りで、私自身将来の見通しが立たず、おもしろくない日々が続いていた。それが、若い彼との仕事が元気の源となり、励みになった。今日までこの仕事を続けられているのは、彼との出会いもあったと思う。団塊の世代である私は「神は死せり」という言葉に代表されるような、既成概念を疑ったり壊したりする考え方で育った。そんな私にとって「勘違い」という言葉は、こういった考え方に近い感覚がある。また彼の考え方は、同郷の棋士・升田幸三にも重なる。将棋を創作と考え、自分の「型」を決めず、常に新しい手を追求した「新手一生」という言葉は、まさに彼の建築に対する姿勢に当てはまる。これからも、その姿勢を貫いていくことを期待している。

what's he like?

師匠のいないぼくが、あえて師匠といえるのはALF（アルフ）という施工会社の江角さんかもしれません。独立して、なにも分からないぼくに、ことあるごとに問いを投げかけてくれました。「なぜその形なのか」「なぜその高さなのか」「なぜその材料なのか」と問い続けてくれたおかげで、今ではぼくが「なぜなぜ」と周りの人に問いながら設計に向き合えるようになりました。これからもまた、江角さんと建築について熱く議論しながら、一緒に良い建築を実現していきたいと思います。

I saw...　　case 4

私は見た　谷尻誠の勘違い　ファッション編

witness　谷尻 愛（吉田 愛）　suppose desighn office

彼は昔からファッションが大好きでした。バスケ、ローラーブレート、スノーボード、自転車、バイク、ジョギング、キャンプ、サラリーマンまで、あらゆる物事に臨むとき、まず道具をそろえ、格好から入るというスタンスを貫いてきました。学校を卒業後5年ほど、建築業界でサラリーマンをしていましたが、ある日、彼から転職の相談を受けました。大好きなファッションに関わる仕事をするため、アパレルメーカーで店舗などのデザインに携わりたいと言うのです。建築を続けたほうがいいんじゃないかと反対する私をよそに、彼はせっせと履歴書を送ってしまいました。これと決めたら揺るぎない信念をもつ彼にとって、これは相談という体の報告なのです。しかし、応募した会社で募集していたのは、店舗デザインとは程遠い売場担当者。それでも彼は「この会社には店舗開発部門もあって、入社すればお店のデザインもできるから大丈夫」という独自の解釈で採用試験に臨みました。残念ながらその会社の採用は見送られたのですが、その直後、当時ハマっていた自転車のダウンヒルのレースに出場したいという不純な動機で、結局会社を辞めました。これが、今のsuppose design officeのはじまりだったのです。

何とも心もとないスタートで、独立1年後から仕事を手伝っていた私は、これまで何度か辞めようかと考えたこともありました。しかし、彼が口癖のように言っていた「諦めなかったら絶対にできる」という言葉を何度も聞かされ、“洗脳”されて今まで続けています。そのおかげで、今は仕事が楽しくて仕方ないと思えるようになりました。事務所自体も、諦めずに続けたおかげで順調に成長していきました。そして先日、かつて彼が不採用になったアパレルメーカーから設計依頼のお話をいただきました。あれから10数年経ち、巡り巡って若かりし頃の妄想が実現しそうです。勘違いから生まれる根拠のない自信や妄想が、こんなふうに自分の周りの景色を変えていくならば、勘違いってとっても楽しくて素敵なことですよね。しかも、勘違いは誰にでもできます。私も今では勘違い推進派です。みなさんも、ちょっと勇気を出して勘違いをすることをおすすめします！

what's she like?

吉田愛さんこと谷尻愛さん。いわずと知れた、嫁です。事務所開設から12年、一緒になって走り続けてくれたこと、本当に心から感謝しています。学生時代は遅刻がスタンダードだったあなたが、今では誰よりもストイックに仕事をしていることにびっくりです。とはいえ、お互い歳もとってきたので、少しは走り方も設計していかなければですね。

私は見た　谷尻誠の勘違い　できそう！編

witness　福間 優子　suppose desighn office

私が谷尻さんらしさを感じるのは、谷尻さんとの出会い方です。谷尻さんとは東京で行われたレクチャーではじめて会いました。その考え方の柔軟さに共感した私は、その場で谷尻さんの事務所に入社させてほしいと直談判しました。後日、恵比寿のカフェで面接をしてもらいました。しかし、そこでは通常の面接で聞かれるような内容はほとんどなく、ほとんどが雑談のような話でした。今思えばそれはとても谷尻さんらしく、たあいもない話の中できっと、いろいろなことを読み取っていたのだと思います。1時間ほどの話はとても楽しく、私はもう少し谷尻さんと話がしたいと思い、ずうずうしくも「このあとお時間あれば、お食事行きませんか?」と声をかけました。すると、「これから仲の良いメンバーで飲みに行くけど、一緒に行く?」と逆に誘われたのです。1、2回会っただけの人を仲間内の飲み会に誘ってくださる、そのフラットさにとても驚きました。

このように、谷尻さんは誰にでもフラットに接します。相手がお施主さんでも学生さんでも大企業の社長さんでも態度を変えず、自分のペースに巻き込んでいきます。普段私たちは、人や物事に対し、無意識に境界線を引いてしまいがちです。そうすることで、きっと失っている可能性もあると思います。しかし谷尻さんは、誰とでもフラットに接することで、あらゆる可能性を広げているのだと思います。そして、このスタンスを支えるのが、ポジティブな勘違い思考です。谷尻さんは、何事も簡単に「できない」と諦めません。たとえば、「できそうでできない」と言われるようなことがあった場合、おそらく彼の頭の中では、その言葉の中の「できない」が省かれ、「できそう」の部分だけが抽出されます。次に、「『できそう』を、『できる』に変換するにはどうしたらいいか?」と考え、さまざまなアイデアとエネルギーをあふれさせ、いろいろな人を巻き込み、最終的には協力したみんながハッピーになれる素敵な結果をつくり出しているのです。これは、自分自身の可能性を純粋に信じ、一心に貫いてきたからこそ生まれた勘違いだと、私は思います。そして谷尻さんは、これからも勘違い能力に磨きをかけて、「できる」領域を広げていくのだと思います。

ただ、あまりにも多忙なので、健康には気をつけて欲しいと思います。谷尻さん、いつまでも若くないですよ！そこは勘違いしないように…。

what's she like?

わが事務所のアイドル、ゆうこりんこと福間優子さん。福間さんが誰かの悪口をいうことも、言われることもないこと、本当に素晴らしいです。誰とでもあっという間に仲良くなれる、あなたにはうらやましささえ感じます。これからも、その魅力に磨きをかけて、一緒に楽しく仕事をしていきましょうね。

I saw…

私は見た　谷尻誠の勘違い

witness　**オノ セイゲン**　音楽家

クライアントと出会い、打ち合わせをして設計図を描き、プレゼンテーション。詳細の打ち合わせ、細部の修正を重ねて施工に入る。そして竣工後、「お披露目」をして引き渡しとなる。最初の打ち合わせの前には、必ず「出会い」というものがあり、すべてはそこからはじまる。普通は。
ところが、谷尻誠と私の場合は「最初の出会い」→「オープニングレセプション」という、基本的にショートカットでものごとが流れてきた。ここが、仕事でも遊びでも変わらないというか、ぶれない。ただ、自由奔放なアーティストというイメージではない。よく移動しまくって、よく働く。

ここでは、そんな彼の「ショートカット」を示す例として、あるイベントで彼からシェフを依頼されたときのメールのやり取りを紹介する。

谷尻：
セイゲンさん、相談があってメールしました。18日火曜日ですが、18:00くらいから神宮前のギャラリー「ROCKET」で、僕が1日だけ店長として、レストランらしきことをすることになっています。セイゲンさんも一緒にどうかと思いまして！ お忙しいなか遊びで申し訳ないのですが、ご検討してくださいませ。

ある日曜の深夜
（月曜AM1:40）

オノ：
また急なはなしですが、火曜の夕方はだいじょうぶかも。考えられるメニューは、秋刀魚ですね。「サンチョビ・パスタ」「秋刀魚のダイコン寿司」など。ただし、秋刀魚はその日の昼間に半日干しとかした方がよいかと。スタッフはいるの？ 何人分くらい作るの？

谷尻：
早速、有り難うございます。「“秋刀魚”パスタ」いいですね！ 沢山の人が来そうなので、早さと量が求められるかもしれません。場所は狭くて、ガチャガチャしています。スタッフはその日の午後であれば、手伝わせます。セイゲンさんのご飯は、美味しいのでつくって頂けると最高ですが‥

what's he like?

音響エンジニアといえばオノセイゲンさん！ 空間の大きさの認識と音の関係を教えてくれたのはセイゲンさんでした。いつも時間がない中でお願いしても、必ず期待以上のパフォーマンスをしてくれます。2010年、ミラノサローネで仕事をご一緒させていただいたときも、少しでも多くのお客さまに来ていただくために、セイゲンさん自らビラ配りをしていた姿、本当にオノ：
何人分?

谷尻：
これは分からないのです‥

オノ：
火曜の朝、秋刀魚50本買ってきて。
昼に抜け出して開きにいくから。

谷尻：
セイゲンさん、まいどぎりぎりですみません。かなり、お遊びですが楽しいかと思いまして。僕の友人達もみんなあそびに来てくれます!!

ホカホカご飯の入った炊飯器をぶら下げポーズを決める谷尻誠とオノ氏

「brasserie holoholo」にて岸淳子店主が自ら握ったおにぎり

結局、下見もせずに行ってみたらカセットコンロが2つだけ。パスタ茹でるのと、ソースつくるのと、秋刀魚のフリットも考えていたのだが、間に合わんで、こりゃ。
それでも、サポーズの木村くんやボランティアの学生たちが手際よくがんばってくれたので、全部売り切れた、奇跡的に。
しかし、横で谷尻誠がゴハンを炊いていたことは誰も知らず、終了後、ホカホカのゴハンが詰まった炊飯ジャーを腕にぶら下げて、表参道に打ち上げへ。ディナータイムには予約がとれない「brasserie holoholo」に炊飯ジャーを持ち込むとは勘違いも甚だしい。オーナーの淳ちゃんにおにぎりを握らせてしまったが、それはもう美味であった。2011年で一番の楽しい宴だった。しかもそこには来られなかった方々、カフェ「LOTUS」の山本宇一さんにまで、そのパスタが美味しかったらしい、という噂が届いていて2度びっくり。
最後に、話は変わるがこの10年ほどで大きく変わってきたと実感していることがある。私の周りだけかもしれないが、建築と音響空間とそのコンテンツ（3D、映画、ゲーム、音楽など聴覚を介する表象、アプリケーション）が、しっかりとオーバーラップしてつながってきた。音は、目に見えない。味も、目に見えない。体験でしか分からない付加価値や本質をシェアできるかどうかは、人との「出会い」の段階ですでに決まっているのだ。

素敵でした。仕事のスタンスとして、見習うところが多すぎます。そしてセイゲンさんのつくられるお料理、最高なので、これからもご馳走してくださいね。

I saw...

私は見た　谷尻誠の勘違い

witness　二宮 拓也・由利香　florist_gallery N

きっかけは、施主の「勘違い」

「自分の家ならギャラリーや花屋ができるのでは?」すべてはこんな勘違い? ともいえる思いつきから始まりました。会社員をしている私と花屋で働いていた妻は2人ともアートが大好きで、いつかギャラリーや花屋をやりたいという夢を漠然ともって日々を過ごしていました。それが私の名古屋転勤をきっかけにマンションの購入を計画。しかし、マンション購入を思いとどまって、「自分の家ならギャラリーや花屋ができるのでは?」と思い立ちました。勘違いともいえるこの思いつきが、私たちが建築家との家づくりを始めるきっかけになりました。

光がさんさんと降り注ぐギャラリー?

地元の建築家との家づくりがうまくいかず、途方に暮れていた私たちでしたが、あるとき建築好きな妻が、雑誌に掲載されている「大野の家」というのを見せてくれました。そこには「建築家・谷尻誠」とありました。妻は、建築誌を読むなかで「この家カッコいいな～」と思って建築家をチェックすると谷尻誠、あっ、また谷尻誠! という一方的な出会いが何度もあって、勝手に運命を感じていたようでした。彼に共感した私たちは、ダメもとでいいからとすぐにオファーのメールをしました。すると谷尻さんはすぐに返事をくれて、名古屋に土地を見にきてくれました。少し話しただけで感じた彼の人柄とドンドン出てくるアイデアに、「この人だ!」と確信、こうして出会ってすぐに意気投合して谷尻さんとの家づくりがスタートしました。

依頼当初、私たちからの要望として「シンプル、ローコスト、光、変化のある空間」といったキーワードを伝えました。それからおよそ5カ月後、最初のプランが出てきました。「スーパーノーマル」「普通に見えて普通じゃない」というコンセプトの3階建てで、1階は花屋とギャラリー、2・3階は住居という構成です。トンネルのような空間になっている1階には、南北に大開口があります。これにより、北側にある小学校の植栽の風景を室内に取り込むことができます。通常、ギャラリー空間は、直射日光を遮断するように設計されるところ

what's they like?

名古屋のflorist_gallery Nのオーナーの二宮さん。設計させていただいたことをご縁に、竣工後も仲良くさせていただいています。ぼくがアートにより興味をもてるようになったのは、二宮さんのおかげです。二宮さんの若手アーティストを育てる意志、名古屋に建築の魅力を伝えていく思いの強さ、本当に素晴らしいと思います。「枯れた花も美しいから捨てることができない」って言っていた由利香さんの言葉が、素敵すぎて今でも心に残っています。

photo: noriyuki yano

を、谷尻さんは、「本来、花は外に咲くものだから花屋も外部のような空間にしました。そして花屋とギャラリーとの間は仕切らず、花とアートを一緒に置くことで豊かな空間を生み出します」と言って、花屋だけでなくギャラリーにも光がさんさんと降り注ぐように設計したのです。コンセプトどおり、「普通じゃない」発想です。また、壁を屏風のように折ることで構造的な負担を軽減しつつ、アートを展示する空間に奥行きをもたせて変化のある空間に仕上げてくれました。夏場の暑さはちょっと大変ですが、谷尻さんのこの勘違いなくしては、今の「N」の気持ちの良い空間は実現しませんでした。

打ち合わせ ＜ 飲み会

家づくりの過程では、谷尻さんに名古屋に来てもらったり、私たちが広島に出向いたりしながら、何度も打ち合わせを重ねました。ただ、いつも真剣な打ち合わせはほどほどで、打合せという名の飲み会が始まるのでした。私たちはいつも、打ち合わせよりも谷尻さんと飲むのを楽しみにしていました。おそらく谷尻さんもそのように勘違いしていたに違いありません。飲みながら谷尻さんは、箸袋を折って構造の話をしてくれたりコースターに自分が考えたプランを書いて披露してくれたり、一緒にいるといつもワクワクする話をしてくれます。ある日、広島にオープンハウス見学に行ったとき、谷尻さんご夫妻と新旧のお施主さんとの飲み会に参加させていただきました。2件目、3件目と進むなかで、サポーズのスタッフ、谷尻さんの友人とだんだんメンバーが増えていき、「谷尻さんと愉快な仲間」的な状態に。飲み会のシメは誰が言い出したのか、何を勘違いしたのか、皆で円陣を組んで「オー!」って叫んで終了しました（笑）。こんな調子だったので、シビアな予算の調整も乗り切れ、大満足の素敵な家が完成したのだと思います。谷尻さんは「その後のより良い状況をデザインしたい」とよく言います。私たちにとって彼は、一緒に勘違いすることで、先の人生を良い方向に仕向けてくれた貴重なパートナーだと思います。

I saw…

私は見た　谷尻誠の勘違い

witness　**矢野 紀行**　矢野紀行写真事務所

まず、僕の中の谷尻誠像を挙げてみる。人が大好き。めちゃくちゃ明るい。友達作りの名人。人をその気にさせる名人。常に全力投球。声がでかい。突然、今日撮影してくれと電話してくる。わがままだけど、割と周りに気を配る。基本的にピュア。飼っている犬(さくら)に似ている。細かいことはまったく気にしない。悩みがなさそう。諦めない。とりあえずできる(やる)と言う。大体のことは二つ返事でOKする。… 大体こんな感じだろうか。
どうでもいいことも挙げてしまったが、僕を含め、谷尻誠の周りの人間(犬も?)の多くが共通して抱くイメージがある。それは「超ポジティブ」。コレに尽きると断言できる。
ポジティブとは負の要素に対して前向きでいることだとすると、物事をポジティブに解釈するというのは、ある意味では「勘違い」を含んでいるといえる(かなり強引)。ということでこの項目は、「超ポジティブ編」というタイトルで書くことにする。

彼は、出会ったときから超ポジティブだった。私が彼を知ったのは、テレビのニュース番組の特集企画のようなものだったと思う。番組中、彼が設計した初期の傑作、「毘沙門の家」が紹介されていた。通常、土地の改良工事を必要とするような崖地に、改良せずに住宅を建てられるように設計した合理性と、ケーススタディハウス[1]の名作、「スタール邸[2]」を彷彿とさせるビジュアルの印象が強烈だった。それ以来、僕は「どーーーしてもこの人と仕事がしてみたい!」とやきもきしていた。しかし何のツテもなかったので、ちょっとビビりながらもとりあえずメールを送ってみた。するとすかさずメールが帰ってきた。この手の突撃メールはほかにも送った経験があるが、たいていはおざなりな返答だったり、無視されることもある。ところが彼の場合、あとで聞いた話だが、僕が送ったメールを見て「東京の写真事務所からメールがきた!!」と、事務所内で大騒ぎして喜んでくれたらしい。今の活躍から考えればなんとも微笑ましい姿だが、そんなふうに喜ぶのはやはり前向き。しかも、メールの数日後には東京で会うという激早な対応。MAXポジティブな男である。

こんな出会いを経ていざ一緒に仕事してみると、まー、出てくる出てくる、アイデアのオンパレード。しかも、そのどれもが常識とは少し異なる、いい意味で型破りなものばかり。当時の彼は30歳前後で、建築家としてはまだまだ若手。少ない予算や土地とは呼べないような敷地など、悪条件で

---

what's he like?

一見、物静かに見えるけど、写真に対する熱意はハンパない矢野さん。ぼくの建築の写真を撮って、最初に建築の雑誌に出してくれました。それから何件撮影をしてもらったかというくらい、長い付き合いです。グッドデザイン賞のパネルを見て喜んでメールをくれたことが懐かしく、つい先日のことのようです。今度はぼくが矢野さんに恩返しをする番です。谷尻の写真を撮り続けた写真家として、いつか一緒に展覧会をしてみたいものです。

の依頼が多かった。でも本人は、むしろ悪条件のほうが大好物といわんばかりに、嬉々として設計に取り組む。やっぱりポジティブ。ある意味ドM。

そして彼の数々の代表作は、そんな悪条件下の現場から生まれてきた。普通ではない条件のものに普通ではないアイデアで挑むから、圧倒的に型破りだが、理にかなった面白いものが生まれる。「上安のアトリエ」「山手の家」「西条の家01」「北鎌倉の家」など、僕が特に好きな事例もその好例である。

30代にして100件に迫ろうかという彼の事例の特徴は、1件1件に特徴がありながら、全体的を包括するような特徴がないことだ。それでも、1つだけ、強烈な一貫性がある。それは、どれもがポジティブだということ。超ポジティブ男、谷尻誠でなければ生まれない発想が、すべての事例に詰まっている。マイナスの条件をプラスに変えてしまう一発大逆転のアイデア。大袈裟な話、閉塞した今の日本社会を変えるヒントが、彼の発想には多くあるとさえ、僕は思っている。

彼と知り合ってからもう少しで10年になる。当初から、いつか世に出ると確信していたが、よもやこれ程のスピードとは思わなかった。雑誌を開けば谷尻誠。ラジオやテレビからも彼のでかい声が聞こえてくる。そして、今や活躍の場は世界へ広がっている。果たしてどこまで飛んでいくんだろう？ 長年付き合ってきた友人として、本当に楽しみである。でもこのまま置いてきぼりになるのはちょっと悔しいので、僕もそろそろ本気を出そうかと思う今日この頃です（笑）。

写真上：毘沙門の家　中：西条の家　下：北鎌倉の家

1：建築雑誌『アーツ・アンド・アーキテクチュア』の発案で、1945年〜1966年に実施された実験的住宅建築プログラム。米国で増加する住宅需要に応えるため、効率的に建設できる住宅モデルが、当時の著名な建築家によって建てられた。
2：1960年に米国ロサンゼルス州に建てられた住宅。設計はピエール・コーニッグ。

I saw…

私は見た　谷尻誠の勘違い

witness　**宮本 芳彦**　株式会社宮本卯之助商店

の信じ込む力の前に、一般的な気遣いや慰めは、まったく必要なくなりました。

このように、尋常でない前向きな勘違いが彼を貫く基本姿勢であり、それを徹底的に信じ込むことで彼は自身を形作っているわけです。この姿勢を徹底することで、彼は大いに苦み、それ以上に楽しみながら生きているのです。いうなれば、谷尻誠にとって、勘違いとは「男の流儀」といえると思います。

また彼にとって勘違いとは、オリジナルな視点を持ち続けるために自分でデザインした楽しい仕掛けともいえます。

今の時代、情報はあふれかえり、どんな分野にもマニュアル本があって、ほかの人のやり方が耳に入ってきます。そんな中で生きていると、知らず知らずのうちに自分を人とを比べるようになってしまい、失点の少ない自分を作ろうとしてしまいがちです。しかし、平均点が高いというのは、どこを取っても突き抜けることができないことだともいえます。

それに比べると、谷尻誠はバランスの良い人間ではないし、そうなろうともしていないし、実際そうなれないタイプの人間です。彼は新聞や雑誌をマメにチェックしているわけでもなければ、テレビにいたっては持ってすらいません。彼の生活スタイルは受動的なメディアにほとんど関わらないのです。したがって世の中の一般的なやり方や世評に振り回されることがありません。自分のフィルターで主体的に出会っていった情報を自分の視点で判断し、オリジナリティの種とするのです。これが、彼が建築の世界で突き抜けた思考ができる理由の1つだと思います。

こう書くとすごいことをやってのけているように聞こえるかもしれませんが、ご安心下さい。彼は万能ではないので、社会生活を送るうえで知っているべきことを知らなかったり、ときには単なる勘違いをしていたりします。みんなが知っているようなことを話しても、彼は「あ、ほーんと！そうなんじゃ。全然知らんかった」と、いたってあっけらかんとしています。知らないことを恥じるより、知ったことを喜ぶ。もはや確信犯的に楽しんでいるとしか思えないこのたくましさも、彼の勘違いを支えています。

what's he like?

若旦那こと、神輿や太鼓を製造販売する宮本卯之助商店の8代目・宮本芳彦さん。いやー、彼とはここ2、3年、ほんとによく飲みました。この年齢になって、ここまで仲良くなれた男友達はほんと珍しいし、ほんと良かった！仕事からプライベートなことまで、なんでも相談しすぎてしまうところもあるかもしれませんが、これからも飲みながら語らいましょう。

私が最も印象的だった谷尻誠の「勘違い」は、初めて会った日のことです。それはとあるコンサートの帰り。共通の友人を介して集まった6～7人の年齢も職業も異なる初対面の集団で、ご飯を食べに行ったときのことでした。この時点で、彼が世間から評価される建築家であることは、知る由もありませんでした。ワイワイガヤガヤとした居酒屋風の店で、改まって自己紹介するでもなしに隣り合わせた人達と話をしていると、一人挟んだ向こうからひときわ大きな声が聞こえてきました。その声の主が谷尻誠でした。この男の声はやたらと張りがあって大きいので、こちらが聞き耳を立てるまでもなく、勝手に耳に飛び込んでくるのです。そうやって人を巻き込むあたりも彼らしいところです。

そのとき彼が話していたのは、いかにして日々の出来事にポジティブに向き合っていくかということでした。一方私は、朝起きて空がどんよりと曇っているだけでモチベーションが下がるような軟弱者。半ば理想論ともいえるようなポジティブ思考の話をしている彼に思い切って尋ねてみました。

「そうは言っても今日はやる気が出ないとか、朝起きたときにテンションが上がらないとか、そういう日はないの？」すると彼の答えは、

「ないです！毎朝、今日はどんな良いことがあるだろうと思って起きます！」

「……。」

良いことしか起きないということはあり得ません。人生はそんなに甘くないのです。にもかかわらず、あまりにもあっけらかんとした言い切りに「この人大丈夫かな？」と思ったのが、私の第一印象でした。

コンペやプレゼンのときにも、勘違いが垣間見られます。コンペやプレゼンの前、それはもう子供のように夢中になって案を作って「今回マジすっごい良い提案ができた！やばい！勝てる気がする！てか勝った」と、熱っぽくその提案がどんなに素敵かを語ります。いかにも彼らしいポジティブ思考…。しかし勝負は時の運ですから、すべてのコンペで勝つわけではありません。普通はコンペに勝ったときこそ興奮して電話してきそうなものですが、勝ったときは意外と淡泊なもので、もう工事のほうに思考が飛んでいるようです。彼らしいのは負けたときの反応で、決まってこうきます。「悔やし～！でも○○についてすっごい勉強になった！何かつかんだ気がする！次がすっごい楽しみ！」と、やたらとテンションが高まります。もはやどう取り合っていいか分からないこ

I saw... case 10

私は見た　谷尻誠の勘違い 「勘違う」編

witness　**大野 博史**　有限会社オーノJAPAN

勘違いとは「思い違い」のことで、無自覚に、無批判に行ってしまうことをいう。多くの場合、勘違いは、その人の置かれている状況や経験、社会常識から「そうであろう」と無意識に信じてしまうために生じるのだと思う。そこには、自分の立場を客観的にとらえる外部からの視点、一歩引いて物事を考える視点がない。

谷尻誠の勘違いは、それとは若干異なる。より自覚的に、批判的に勘違いを誘発している。いわば、「勘違う」のである。無意識に信じてしまっていることをあらわにするように「勘違い」、常識に疑いの目を向けるように「勘違う」。周りの人も巻き込んで、これまで信じてきていたことをもう一度考え直させるように「勘違う」のである。たとえるなら外国人が日本に来て、不思議に思ったことを指摘している感覚に近い。しかし、その新たな視点が周りをはっとさせるのだ。「そういう考えもありだな」と。建築をつくるには、専門的な知識や技をもった多くの人が関わる。たとえば構造設計者は計算ができるし、家具をつくる人もいれば壁にペンキを塗る人もいるし、コンクリートを流す人もいる。とにかくたくさんの人が協力して、1つの建築をつくっていく。それぞれの立場があり、置かれている状況も違うので、当然うまく行かないこともある。ほかの分野の人から見れば当然できそうなことが、想像もできないような理由でできなかったりする。そのぐらい専門性の高い技術を結集してできるのが建築なのだ。とはいえ、ある分野の人が「できない」と言ったからといって、そこで諦めてしまっては本当に良い建築にはならない。こんなとき谷尻誠は「勘違う」のである。そもそもの条件設定を疑い、立ち位置を変えた意見を言う。あるいは知っていることを知らないこととして扱い、専門的な話をとても簡単に説明する方法を見つけ出す。これは言葉にすると簡単だけど、とても難しい行為だ。勘違うことで解決する場合もあれば、新たな問題が見つかる場合もある。いずれにしても、できないといって妥協するよりも積極的な思考方法だと思う。こういうやり取りを続けていると、できないことを理由にして問題解決を避ける人はいなくなる。

専門性の枠組みを一旦解体し、同じ土俵に立って皆が話し始める。勘違いを武器にして、活発で開かれた議論が展開される。谷尻誠の現場ではそういう垣根が取り払われていく気持ち良さがある。

what's he like?

構造エンジニアの大野さん。守備範囲の広い大野さんとの打ち合わせは、毎回ワクワクするあまり、いつも本題から脱線してばかりです。しかし、その脱線のおかげで、新しい建築の考え方の発見につながっていったように思います。お互い忙しさは増すばかりでしょうが、そろそろコンペにも勝たなきゃですね。

まことのまとめ

2000年、先のことなんて考えることもないまま、今の事務所をはじめました。自分がなにをやりたいのか、どこへ進めばよいのか、皆目分からないなかでのスタートでした。分からないなりに建築雑誌を読みあさったりしたものの、そこではあまりにも自分とかけ離れた世界が展開されており、憧れと同時に、建築の世界に対する距離さえ感じたものでした。それでも建築への思いは日に日に募るばかり、寝ても覚めても建築雑誌を読み返していました。

幸い人に恵まれ、友人やその知り合いが、事あるごとに店舗改装などの仕事の相談をもちかけてくれました。やがて、どう考え、どうつくるべきなのかを練る余裕もなく、とにかくつくらなければならない状況になり、必死で人と話し、つくり方を工務店の社長や職人さんたちに必死で聞きながら、設計図や現場と向き合う日々が過ぎていきました。手がけたことのないアパレルショップや、カフェ、美容院など、すべてがはじめてのことばかりで、その都度話し、聞き、調べ、つくる… ただただそれを続けました。

そんな日々のなかでふと気づいたのは、どんな状況のどんな段階にせよ、人やものとの向き合い方がとても大切だ、ということでした。たとえば自分に経験のない課題に直面したとき、経験がないからあきらめるのか、できる方法を必死で考えるのかで、未来はまったく違ってくると思います。現在活躍している世界的な建築家も、最初から大きな建築をつくれたわけではないはずです。彼らは、つくる場面に直面したときの向き合い方が誠実だったからこそ、未来へのパスポートを受け取れたのではないかと思うのです。だからぼくも、未経験の出来事にぶつかったとき、決して背を向けることなく、目の前の現実に誠実であるべきだと自分に言い聞かせながら、少しずつできることを増やしていきました（こういう話をすると少し聞こえはよいのですが、正直、最初のうちは建築の大学を出ていないことや、アトリエ系の設計事務所での経験がないことがとてもコンプレックスだったし、誰かと自分を比べては自分に自信がもてなくなる——そんなことの繰り返しでもありました）。

そんなとき、「私は見た谷尻誠の勘違い」（141ページ）でも書いていただいた工務店の社長の江角敏明さんに、「建築は好きか？」と訊かれたのです。ぼくは迷うことなく「好きです」と答えました。すると江角さんは、「だったらいいじゃないか。好きという気持ちなら誰にも負けない、と思えるくらいになればいいんだ」と言ってくださいました。この言葉に、ぼくは本当に励まされました。それまでのぼくは、どこかで卑屈なものの考え方をしていたように思います。でも、この言葉をもらって自信をもったことで、建築が好きだと胸を張って言えるようになったし、自分を誰かと比べる必要もないってことが心から理解できたのです。

もっとも、コンプレックスにかんしては、視点を変えてとらえ直すという考え方が中学・高校時代に打ち込んだバスケットボールをとおして、すでにできていたはずでした。それが建築では、なかなかうまくできていなかったんです。それに気づいてから、自分の経験と建築が結びついていくようになりました。バスケットボールで独自のプレースタイルを確立したことを建築と重ね合わせて見たとき、大学で建築教育を受けていないからこそたどり着ける思考もあるはずだし、建築という難しいものを分かりやすく多くの人に伝えていくのは、世界の誰よりも自分ができるはずだと思えるようになりました。そうやって自分を励まし、周りにいる人にも助けられながら、建築というものを少しずつ理解していきました。

ぼくの周囲には、ぼくを教育してくれる人がたくさんいます。たとえば江角さんは、「なぜこの計画なのか」「なぜこういう構造なのか」「なぜこの材料なのか」と、いちいち聞いてきます。お施主さんからOKをもらって進んでいることでも、まるでさらに1つの関門が用意されているように、江角さんにきちんと説明できなければ工事が進まないような状況なのです。最初のうちはうまく答えられなくて大変でしたが、おかげで物事を決めていく意味を考えられるようになったし、つくることだけでなく、考えたことの伝え方も非常に大切だということが理解できました。

設計や現場監理（現場で設計図どおりに工事が行われているかチェックすること）をしていると、図面どおりにつくることばかりについ目がいきがちです。しかし本当に大切なのは、自分だけでなくそのプロジェクトにかかわってくれている皆さんに設計の意図を伝えること、自分たちがなにを目指しているのかを示唆することだと思います。だからぼくは、現場でもただ指示するだけでなく、自分がつくりたい建築についての考え方などを職人さんに話しています。建築は決して1人ではつくることはできません。だからこそ、人とのコミュニケーションが重要で、多くのかかわりを設計するべきだということを、現場の皆さんから学んできました。

事務所をはじめて、もう12年目になります。当初、どこに向かうべきかさえ分からなかった自分が、今では建築家として頼まれたことだけではなく、自発的に身の回りのあれこれについて、どうすれば建築が、街が、人が、よりよくなっていくのかを無意識に考えるようになっています。なにもできなかったぼくが、なにかができるという勘違いをして、さらには本当にできる方法ばかりを考えるようになっているんです。そして当初感じていた建築との距離なんてもうどこにもなく、むしろ建築の虜になっています。こんなふうに、知らないうちに人を魅了していく力をもつ建築に、ぼくはこれからも向き合っていきたいと心から思います。

年表

MAKOTO TANIJIRI CHRONOLOGY

1974
3月9日：広島県三次市に生まれる(2,600g)。
両親と母方の祖母との4人暮らし(一人っ子)。

1979
保育園ではじめての恋。
キスをされて恋におち、その子と結婚すると宣言。

1980
4月：小学校入学。
背が低くて常に前から3番目をキープ。
新しい恋。6年間好きでした。
小学1年生のある日、母親いなくなる。
祖母、父、僕という3人の生活が始まる。

1986
4月：中学校入学。
バスケ部に入りたかったが、背が低かったため陸上部に入部。
長距離で走りまくる。
親から小遣いをもらうのが嫌で新聞配達を始める。

1987
諦めきれずにバスケ部に転部。
新聞配達、朝練、学校、部活、帰宅して釣りの日々。

1988
必死の練習によって、3年生でバスケ部のレギュラーに。

1989
4月：高校入学。電車通学。
バスケ部に入部、1年生からレギュラーに。

1990
2年生のはじめからキャプテンに。
はじめての彼女ができるも、1週間で別れる。
バスケ部、地区大会で優勝。
人生2人目の彼女ができる。
学校で1、2番に頭の良い子でした。
つられて勉強してみたものの足元にも及ばず。

1992
3月：高校卒業。

4月：穴吹デザイン専門学校入学。
『ツルモク独身寮』の影響でインテリアデザイナーを志す。
はじめての1人暮らし。焼き鳥屋でバイト。
週末の夜はクラブ通いで友達づくりに励む。

1994
4月：本兼建築設計事務所入所。
最初の半年は教育係の先輩に怒られまくる。
給料のほとんどを洋服につぎ込んでいた時期。
マウンテンバイクにハマリ、東日本でのレースにも参戦。

1999
25歳。アパレルメーカーへの転職を考えるも、採用されず。
知り合いの手伝いの延長で、HAL建築工房に入社。

2000
26歳。
6月：退職・独立。
建築設計事務所 suppose design office 設立。
下請けで適当に生きていこうともくろむが、
下請けに向いていないことに気づく。

秋：洋服のお店の設計依頼をいただく。
友人つてに何件かお店をつくらせてもらう。
独立後、はじめての住宅の依頼。

2001
12月：初の住宅竣工時にオープンハウスを開催。
2日間で300人が来場!!これがきっかけで[毘沙門の家]の依頼をいただく。

2003
29歳。
3月：吉田愛と結婚。

4月：[毘沙門の家]竣工
GOOD DESIGN賞、JCDデザインアワード新人賞を受賞。
それがきっかけで写真家の矢野紀行さんと出会う。
矢野さんの紹介でたくさんの雑誌掲載が決まる。
広島で[毘沙門の家]が話題になり、少しずつ仕事が増え始める。

2004
高校時代の友人の家[平塚の家]を神奈川県でつくることに。

2005
友人の家[平塚の家]竣工。
テレビ「建もの探訪」で紹介され、他県での仕事が増え始める。
[毘沙門の家]もテレビで紹介されて、傾斜地での依頼が増える。

2006

斜面地に建つ[山手の家]が竣工。これも雑誌やテレビで
いろいろと取り上げていただき、関東での仕事が増える。

2007

12月：名古屋に[florist gallery N]という
フラワーショップ、ギャラリー併用住宅が竣工。
このギャラリーのこけらおとしではじめての個展「suppose展」を開催。

2008

4月：「suppose展」をきっかけとして、E&Yの松澤剛さんから
お誘いをいただき、三菱地所アルティアム（福岡）で「谷尻誠展」を開催。

10月：プリズミックギャラリー（東京・青山）で個展「東京事務所」を開催。
まるで広島の事務所がギャラリー内に出来たかのような展示。
展示終了後、そのまま東京事務所を開設。
「谷尻誠展 」をきっかけとして「DESIGNTIDE TOKYO 2008」の
会場構成をさせていただくことになる。

2009

1月：はじめての国際コンペ平和大橋歩道橋設計競技（広島）に挑戦。
惜しくも敗れたもののファイナリスト6案に残る。

5月：雑誌『モダンリビング』で"妄想建築"という名の連載をはじめる。

6月：コンペ敗退の悔しさをバネに海外の美術館コンペ（ポーランド）に挑戦。
締め切りに間に合うように出していたにもかかわらず、先方事務局の不在票
受け取り忘れで、審査されずに作品が返ってくるという事件。
悔しさをバネにさらにコンペにチャレンジしはじめる。
はじめての海外プロジェクト（オーストラリア）が面接により決まる。

10月：勝手に「DESIGNTIDE TOKYO 2009」の会場構成案をプレゼン。

おかげで2008年に続いて会場構成をさせてもらうことに。

これがきっかけとなり東芝のミラノサローネでのインスタレーションが決まる。

2010

4月：東芝ミラノサローネ「LUCESTE」で大成功を収める。

世界中の雑誌で紹介される。

ギリシャのコンペでファイナリストに残るが、また負ける。

北京のコンペで最優秀になったものの、実現されず…。

コンペにトライし続けるも結果が出ない日々…。


12月：国内外合わせて年間の雑誌掲載が100冊を超える。

これまでつくった住宅も80件を超える。

海外で初のレクチャー。メキシコ、シンガポールへ。

2011

広島事務所の引越を機に「THINK」をはじめる。

コンペは7回チャレンジして5回ファイナリストに残るものの勝てない日々。

海外での仕事も少しずつ増えはじめる。

国内での大きなプロジェクト[Water Cliff]が決まる。

はじめてのプロダクト開発（WEST）に関わる。

2012

3月9日：38歳の誕生日。
はじめての書籍『1000%の建築』発売。
いよいよコンペに勝つ年！（宣言）
建築では住宅、店舗、ホテル、オフィス、クリニック、
保育園、複合施設などさまざまなプロジェクトが進行中。
ほかプロダクトやコンサルティング、地域再生、
ファッション、アート、パッケージなどなど仕事の領域も広がる。
著書第2段完成。作品集発売かも。バンコクでレクチャー。
「THINK」番外編開催。

2013

アイデアを提供する会社を設立。

海外の出版社より作品集を発売。

海外コンペに勝利。保育園つぎつぎに完成。

「THINK」書籍出版。苦手だった文章を書くことを克服。

2014

40歳。

『1000%の建築 part2』出版。

キャンベラプロジェクト竣工。

[Water Cliff]完成。

2015

海外で初の個展。

国内に公共建築が完成。

某ホテル竣工。

2016

国内外で美術館竣工。

2017

とある誰もが知っている公共のプロジェクトが完成。

2018

自分の生まれ育った街に公共建築が完成。

2019

ちょっと、ひとやすみ。

といいながら、走り続ける。

2020

46歳。

suppose design office 設立20周年。

住宅竣工数が200件を超える。

きっとこのころには、トライしたいことがまた増えていることでしょう。


―― そして勘違いは続くのでした。

あとがき

はじまりは勘違いだったかもしれません。でも、それが自分の背中を押し、今こうやって本を出版するまでに至りました。コンプレックスに悩んだり、他人と自分を比べては自信を失ったりしていたぼくが、なにかができるという自信や覚悟みたいなものを、少しずつもてるようになってきたんです。幼い頃のひとりよがりで思い込みの塊のような「残念な勘違い」が、さまざまな経験を経て、今は本当に「魅力ある勘違い」ができるように進化してきたと思っています。そして、夢みることを忘れないためには、これからも「勘違い」が必要だと思います。

こんな、勘違いばかりでわがままなぼくを支えてくれた周りの人たちがいたからこそ、今までやってくることができました。当たり前のように過ぎていったり、時間に流されたりして、なかなか言えませんが、本当にみんな、いつもありがとう。心から感謝しています。

最後にここに書くべきなのか悩みましたが、書くことにします。2001年2月1日、毎日のように会っていた後輩が、ぼくの家に向かう途中、交通事故でこの世を去りました。一人っ子のぼくにとって、彼は弟のような存在でした。ぼくは、もうなにをする気力もなくなるくらいに落ち込みました。けれど、あるときぼくは、「これ以上つらいことは、もう今後の人生にはないと、彼は自分の命と引き替えに教えてくれたんだ」と思うことにしました。それ以来、どんなにつらいことや苦しいことがあっても、あの悲しみに比べれば平気だと思うようになりました。それからぼくは、本気で建築に向き合うことに決めたんです。そして迷うことなく、自分のできることを考えながら走り続けてきました。

つらいことや悲しいことは、誰もが心の内に秘めています。勘違いとは、そんなつらいこと、悲しいことを良い方向へ変換するスイッチでもあると、ぼくは思えるようになりました。そのスイッチを押すまでは葛藤があるはずです。それでも、押すことで、きっと誰もが未来を切り開いていけるんじゃないかと思うんです。

今回、本の執筆作業を通じ、これまでの自分を振り返り、これからの自分を考える時間をいただきました。ぼくのわがままに本当に根気強く付き合ってくれた、大須賀順さん、須山奈津希さん、竹田麻衣子さん、武井実子さん、武井カルロス正樹さんに、心から感謝を申し上げます。

SPECIAL THANKS

青野賢一（株式会社ビームス / ビームス創造研究所 クリエイティブディレクター）
井上奈美（株式会社ビームス / ビームス創造研究所）
江角敏明（有限会社ALF）
大野博史（有限会社オーノJAPAN）
オノセイゲン
梶井誠（七洋株式会社）
株式会社紙藤原
窪之内英策
笹生八穂子
武井カルロス正樹
谷尻愛（suppose design office）
内藤暁（小笠原事務所）
長澤徹
有限会社日光堂
二宮拓也（florist_gallery N）
二宮由利香（florist_gallery N）
福間優子（suppose design office）
藤木洋介（株式会社ビームス / Bギャラリー）
松澤剛（株式会社E&Y）
三藤慶紀
宮本芳彦（株式会社宮本卯之助商店）
矢野紀行（矢野紀行写真事務所）
（50音順・敬称略）

みなさま、ご協力ありがとうございました。

イラスト / 須山奈津希
ブックデザイン / 竹田麻衣子 武井実子
編集協力 / 武井実子

1000%の建築

僕は勘違いしながら生きてきた

発行日 2012年3月 9日 初版1刷発行
2012年4月10日 第2刷発行
著者 谷尻 誠
発行者 澤井 聖一
発行所 株式会社エクスナレッジ
〒106-0032 東京都港区六本木7-2-26
www.xknowledge.co.jp
編集 FAX 03-3403-1345 / info@xknowledge.co.jp
販売 FAX 03-3403-1829